同業の弁護士から「どうしてそんなに仕事ができるの」と言われる私の5つの仕事術

谷原 誠
Makoto Tanihara

中経出版

はじめに　簡単に仕事で成功できるたった一つの方法

「頭脳明晰になり、どんな仕事でも、一瞬で片付いてしまう、とても簡単な方法がある」

こう聞いたら、あなたは、すぐに飛びつくでしょう。しかし、残念ながら、そんな方法は、この世に存在しません。だからといって、そんなに肩を落とすことはありません。

私の本業は弁護士ですが、同業の弁護士から、「どうしてそんなに仕事ができるの？」と聞かれることがあります。

ただし、これは「弁護士としての能力が高い」という意味ではありません。弁護士は、皆、司法試験に合格した集団で、私より能力が高い人だらけです。

私が共同で経営する法律事務所には、弁護士が18人、スタッフが11人おり、まずまずの規模だと思います。その事務所を経営して、マネジメントをしながら、事件を処理しつつ、すでに書籍を25冊以上も執筆し、テレビなどのマスメディアにも出演し、自分の会社を経営し、読者数約18，000人のメルマガを発行し、そのほかブログ、ツイッター、

Facebookなどで情報を発信しています。

そのため、「どこにそんな時間があるのか?」「どうやってモチベーションを保ち続けているのか?」「どうしたらテレビから取材されるようになるのか?」「どうしたら、本を出版できるのか?」と聞かれます。冒頭の聞かれることとは、このような質問のことです。

今回、中経出版編集部の担当者より、「弁護士として成功している谷原弁護士の仕事術をぜひ本にして、若い弁護士やビジネスパーソンに広く教えてほしい」と言われました。

私は、まだまだこれから勉強し、精進し、弁護士として成功したいと思っており、他人に教えられるような存在ではないとも思いましたが、しかし、担当者からは「谷原弁護士を目標としている若い弁護士はたくさんいる。その仕事術は、必ず参考になるはずです!」と強く説得されました。

確かに、今の時代、弁護士事務所を拡大するのはなかなか難しいでしょう。また、タレントとしてテレビに出る弁護士は別として、ニュース番組などで法律専門家として取材を受ける弁護士は少数ですし、25冊以上書籍を出版している弁護士も、メルマガ読者が18,000人もいる弁護士も、Facebookページのファンが現時点で4,000人以上いる弁護士も、法律事務所とは別に会社を経営している弁護士も、とても少数です。

その意味で、私の仕事の仕方をお伝えすることで、読者の方の参考になるのであれば、少しは社会のためになるのではないか、と考え、本書を執筆することにしました。


では、私の仕事の仕方とは何か？

冒頭で書いたように、一瞬で頭脳明晰になる方法など存在しません。頭脳は、今のままですし、頭脳の優秀さは、誰もそれほど変わりません。

また、一瞬で仕事を片付けるテクニックも存在しません。ビジネス雑誌で、整理術、手帳術、メモ術、スマートフォン活用術など、様々なテクニックの特集が組まれていますが、それで飛躍的に仕事ができるようになった人を私は知りません。

では、仕事ができる人と、できない人の違いは何か？

それは、「習慣の違い」です。

仕事に対する考え方の習慣、思考方法の習慣、まず行動をしてみる習慣、諦めないで工夫し、努力する習慣、それら正しい習慣を身につけた者が成功し、怠惰な習慣を身につけた者は、落ちぶれてゆく。そして、その差はどんどん拡大していくのです。その習慣を身につけるのは、日々のコツコツとした努力であり、その積み重ねが習慣となります。

でも、ほとんどの人はこう言います。

「そんなことはわかっている。でも、できないからこうやって本を読んでいる」

なるほど。そうであれば、この本を読んで、そのとおり実行すれば必ずや仕事ができる人になります。あとは、やるかどうかです。


私たちが今いる位置は、過去の私たちの行動の結果です。

私の場合、猛烈に勉強したから司法試験に合格し、弁護士になりました。ほどほどに勉強していれば、他の職業に就いていたでしょう。

弁護士になって、特定の分野を猛烈に勉強したために、仕事も増え、マスメディアからの取材もくるようになりました。日々の仕事に忙殺され、漫然と生活していたら、まだ1人で小さな法律事務所をやっていたかもしれません。

平日は弁護士業務に追われていたために、土日に遊びにも行かず、執筆を続けました。そのために25冊以上の本を出版できました。これらは、すべて私が決断し、行動した結果から生じているものです。

農家は、なぜ穀物や果実を収穫できるのでしょうか？　種を蒔き、栄養をやり、害虫を駆除し、育てるからです。目標に向けられた行動があるから、得られます。では、来年は収穫を得られるか？　行動すれば得られる。種すらまかなければ、何も得られません。

仕事も同じです。自分がどうなりたいかを思い描き、そこに到達する計画を立て、効率よくそこに到達できるよう方法を工夫し、あとは行動あるのみです。その行動に見合った結果が生じ、他人からの評価につながり、成功という果実を収穫することができます。

仕事の成功に、小手先のテクニックは必要ありません。小手先のテクニックは、仕事で成功するのに重要ではないし、テクニックに目を奪われてしまうと、むしろ安易な方向に流れ、成功から遠のいてしまう恐れがあります。

本書に書いてあることは、過去に書かれた成功法則の本に書き古されている方法ばかりかもしれません。成功法則がそんなにたくさんあるはずがないからです。しかし、すべて私の実体験を通して、有効だと思う方法に限って説明しています。

本書に書いてあることを実行できれば、「最近変わったね」「あいつに任せておけば大丈夫だ」「あいつはデキるやつだ」などと言われるはずです。なぜなら、あなたの周りには、

「やらなきゃならないことはわかってる。でも、できない」「やればできるけど、やらないだけ」「それだけやればデキる人と言われるだろうけど、私には他にもやることがあるし、自分はやる気がしない」という人であふれかえっているからです。

仕事で成功するためには、他人と差別化することが必要ですが、差別化する方法は、簡単です。多くの人がやっていないことをやるだけ。それで差別化できます。

本書に書いてあることは、実はほとんどの人は実行できていないはずです。ただし、その人自身は「できない」とは思っておらず、自分を正当化するために「やる気がしない」「他のこともあるから、そこまではしない」などと言っているでしょう。だから、あなたが実行すれば、必ずや他の人と差別化でき、一歩リードし、成功への階段を昇れます。

本書を読んだら、必ず行動を起こし、そして途中でやめないでほしいと思います。そうすれば、それが習慣化し、確実に他の人たちに差をつけられるはずです。私もまだまだ甘く、私よりもっと成功している人は、もっとやっています。ただ、それだけの差です。

行動する決意はできましたか。では、内容に入っていきましょう。

同業の弁護士から
どうしてそんなに仕事ができるのと
言われる私の5つの仕事術

目次

第1章 すぐに結果を出せる「行動力」

第2章

ライバルに差をつける「先見力」

第3章

自分の力を何倍にもする「相手力」

第4章

ピンチをチャンスに変える「危機管理力」

第5章

自分を売り込む「ブランディング力」

本文デザイン・図版：松好那名（matt's work）

第1章

すぐに結果を出せる「行動力」

01 できる人は「まずは行動」を徹底している

弁護士の業務は時間との戦いでもあります。弁護士の仕事というと、真っ先に裁判を連想する人が多いと思いますが、裁判以外にもやるべきことがめじろ押しです。

裁判をする前には、クライアントとの打ち合わせも必要ですし、資料を調べたり、書類を作成したり、裁判の戦略（方針）を決めたりと、いくら時間があっても足りません。しかも一人の弁護士が数十件の案件を同時並行で進めているのが通常です。

しかも、それを放置しておくと、トラブルに発展することもあります。

弁護士の中には、業務の忙しさのあまり、クライアントからの依頼を放置したままにしてしまう人もいます。弁護士では、依頼の放置は懲戒処分という厳しい処分を受けます。

さらに、私の場合は、弁護士事務所を経営している立場でもあるので、所属している弁護士の業務をチェックするだけでなく、「仕事を受任するクライアントを増やす」といった営業・マーケティングの仕事や人事管理など、経営全般にかかわる仕事も加わってきます。忙しい状況は弁護士にかぎったことではなく、どんな仕事でも同じだし、家事や育児でも同じでしょう。

仕事を効率的に、確実に進める最大のポイントは、**「目の前の仕事にとにかく着手する」**ことです。私も基本的には、目の前の仕事を片っ端から片づけていくのが、仕事の基本スタイルになっています。「えっ？　それでいいの？」と拍子抜けする人もいるかもしれませんが、頭で考えてばかりいて、実行に移せない人が多いのではないでしょうか。

たとえば机の整理整頓です。雑然としたデスク回りを「整理しなくちゃな〜」と思いつつ、ずっとそのままの人がいます。しかし、いったん着手すると、一気にきれいにできてしまいます。いつまでもできなかったのは、ただ着手しなかったことだけが原因です。

黙ってじっとしていても、何の収穫も得られません。種をまき、栄養を与え、害虫を駆除し、稲を刈り取らなければ、つまり行動しなければ、収穫を得ることはできないのです。

こんな話があります。

シロクマ君が、キツネ君に言いました。

「ねえ、キツネ君、今年は毎日4時に起きると言ってたけど、実行できてる？」

「最近忙しいし、どうせ4時に起きて勉強するなら、前の晩に勉強したほうがはかどると思って、やめたんだ」

「ふうん。じゃあ、来週のゼミの君の担当分、もうできた？　みんな待ってるんだけど」

「実はそれがずいぶん難しくてね。まあ、なんとかするよ」

「頼んだよ。ところで、先週頼んだ学園祭のDVDのコピーしてくれた？」

「ここのところDVDプレーヤーの調子がおかしくて。もう少し待って」

「まあ、いいけど、それじゃ頼んだよ」

その後、シロクマ君は、読んでいた書物に次の言葉を見つけました。

「言い訳がうまい人間は、それ以外のことがほとんどできないものだ」（フランクリン）

シロクマ君は、思わずつぶやいた。

「あっ、キツネ君だ……」


私たちの行動は、自分が選択した結果です。

行動することを選択するか、後で言い訳をすることを選択するか、それが問題です。さあ、今すぐ机の上で、手をつけられずにたまっている仕事に着手してみませんか？

「言い訳がうまい人」にならない

もっとよく考えてから
はじめようと思う
大丈夫！
今すぐやらなくても
なんとかなるさ
明日からやろうと
思ってたんだよ
状況が整ってから
でも遅くない

1のまとめ　**先送りせずに、目の前のことをやろう**

02

「見切り発車」が成功への近道

仕事でなかなか成果が出ない人は、「忙しい」とアピールすることに一生懸命で、実際に行動に移していないことが少なくありません。

一方、仕事で成果を出し続けている人は、ある程度「見切り発車」をしています。つまり、**「とにかくやってみよう」という姿勢で仕事に臨んでいるのです**。

私は、30歳の誕生日に『他人を意のままにあやつる方法』という、説得や交渉のノウハウをまとめた内容の本を出版しました。第5章で詳述しますが、本を出すことで、「本を出している弁護士なら信用して仕事を頼める」とクライアントに思ってもらうのが目的でした。つまり、自分をブランディングするために必要な要素だったわけです。

しかし、冷静に考えてみれば、タイトルの「他人を意のままにあやつる方法」を30歳の人間が「完璧に」書けるわけがありませんし、おそらく一生かけても「完璧に」書ける自信はありません。私が完璧主義者だったら、この本は書けませんでした。しかし、そうすると、その後、私の代表作となった「交渉」や「質問」に関する出版の依頼は来なかったでしょう。

「見切り発車」で本を書いたからこそ、ブランディングにもつながり、本業の弁護士業務にもプラスの影響が生まれたのです。

もうひとつ例をあげましょう。

私は、今では、「交通事故の専門家」として、ニュース番組などでもコメントを求められますが、「交通事故の被害者の弁護を専門にする」と決めた当初は、突出した知識や経験があったわけではありません。

若いころに、交通事故の被害者が、知識不足のために本来保険会社からもらえる金額を十分にもらえていない現状を目の当たりにし、「このままではいけない」と思ったのが、交通事故の専門家になることを決めたきっかけです。

とはいえ、そう決意したときは、他の弁護士と比べて、交通事故で実績を残していたわけではありませんでした。それでも、私は交通事故専門のホームページを立ち上げるなどして、自分は「交通事故を専門にしている」と打ち出しました。もちろん、誰よりもこの分野については勉強もしましたが、最初は「見切り発車」でした。

今では、事務所に年間に１０９７件ものご相談をいただいており（２０１０年実績）、圧倒的な経験とノウハウが積み上がっています。テレビや新聞などからも、「交通事故の専門家」としてしばしばコメントを求められるようになっています。

しかし、もしも交通事故に関する知識や経験が「完璧に」なることを優先していたら、この分野の専門家にはなれず、他の弁護士と差別化を図ることもできなかったでしょう。

成果が出ないと悩んでいる人は、まずは「見切り発車」で行動してみてください。

途中でたとえ失敗があったとしても軌道修正すればいいのです。行動を続けていくうちに、活路が生まれたり、協力してくれる人が現れたりしてうまくいきはじめます。

「経験がないから」「知識がないから」といって、やるべきことを先のばしにしていても、何も成果は生まれません。「見切り発車」をしても軌道修正しながら行動すればよいのです。何も行動せずに、後で後悔するよりも、よほど幸せな人生だと思いませんか？

「見切り発車」で考える人、「うじうじ」する人

■ 交通事故の専門家になろう

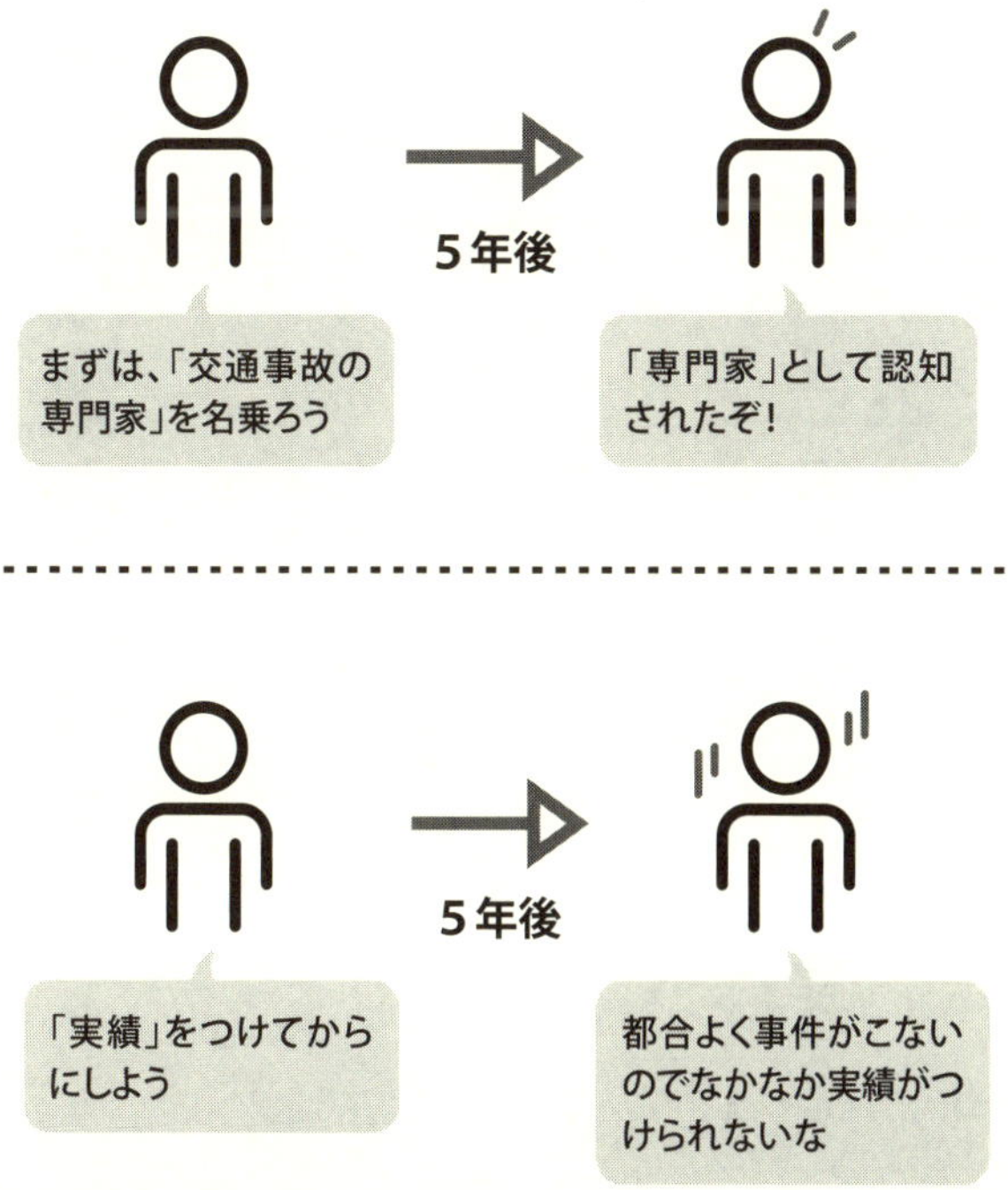
5年後
まずは、「交通事故の専門家」を名乗ろう
「専門家」として認知されたぞ！
5年後
「実績」をつけてからにしよう
都合よく事件がこないのでなかなか実績がつけられないな

2のまとめ　まずは、「見切り発車」で行動してみよう

03

「逆算力」があれば最短距離で成果を出せる

あなたは、仕事や人生で何を実現したいでしょうか?

「新商品のプロジェクトを成功させたい」

「独立して自分の会社を経営したい」

など、人それぞれでしょう。

しかし、これらの願望を実現するには、明確な目標が必要です。「○○したいなあ」といった願望の段階のままでは、いつまでたっても行動することはできません。

何かを実現するためには、「○年○月○日までに、○○を実現する」と、具体的な期限と目標を定めなければいけません。

ポイントは、締め切りを設定すること。期限を区切らなければ、いつまでたってもはじめることはできません。

私は司法試験を受ける前の年、「来年、必ず司法試験に合格する」と目標を立てて、必死で勉強をしました。目標と期限が明確になれば、達成するために「いつまでに何をしなければいけないか」がはっきりします。つまり、「逆算」ができるようになるのです。

当時の司法試験の科目には、「憲法」「民法」「商法」など7科目がありました。他の受験生の勉強方法を聞いてみると、ほとんどが、1カ月に1科目ずつ勉強していくスタイルでした。しかし、そうすると、7科目が終わったとき、1科目めに勉強した科目は、すでに6カ月も前に勉強したことなので、きれいさっぱり忘れてしまっています。

「これでは司法試験の受験に何年もかかるのは当たり前だ」と思いました。そこで私は、みなと異なる勉強方法を採用することにしました。

1科目ずつ勉強していては、各科目2回目を勉強している時点で試験日が来てしまいます。そこで、私が採用した方法はこうです。同じように1カ月に1科目ずつ勉強すると同時に、勉強が終わった科目は、とにかく毎日少しずつでも復習することにしました。

たとえば、1カ月目が民法、2カ月目に刑法だったとします。すると、民法が終わって刑法に入ってから、朝の1時間は必ず民法の復習をするのです。これで忘れません。

そうやって、7科目が終わるころには、全科目について、毎日勉強をしている、という状態になりました。必ず復習する、ということは、新しい科目の勉強時間が減る、ということなので、精神的に苦しかったですが、私の逆算では、この方法以外にその年に合格できる方法がない、と考えたので、必死に実行しました。

その結果、大学時代は4年間、週に6日間、体育会の部活動に励んでいたにもかかわらず、当時は合格率2％とされていた司法試験に23歳で合格することができました。「逆算」をしたからこそ、計画的に実現できたといえます。

こうした「逆算力」は、普段の仕事や生活においても、求められる力です。

たとえば、営業マンが、「年間で売上3000万円を達成する」という目標を立てたとして、逆算をすることなく漫然と営業活動に取り組んでいたら、気づいたときには、手遅れの状態に陥ってしまうに違いありません。

「1年で3000万円の売上」→「半年で1500万円」→「1カ月で250万円」→「1週間で36万円」というように逆算していくと、「今、何をしなければいけないか」が具体的に見えてきます。常に先を見て仕込みをしておかないといけないことがわかります。

目標を立てたら、「いつまでに、何をすればよいか」と自分に問いかけましょう。

1年で司法試験に合格した「逆算力」

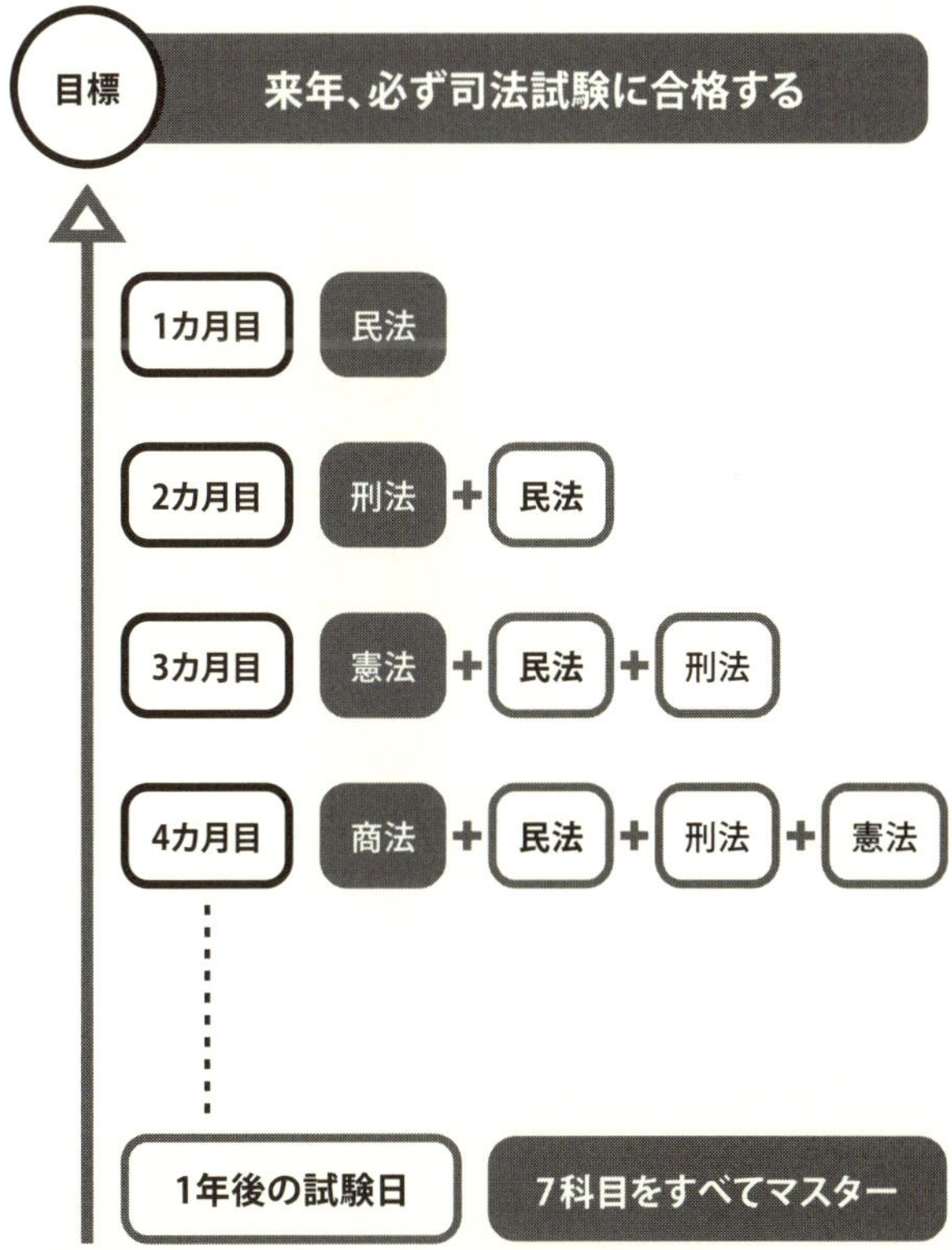
目標
来年、必ず司法試験に合格する
1カ月目
民法
2カ月目
刑法
民法
3カ月目
憲法
民法
刑法
4カ月目
商法
民法
刑法
憲法
1年後の試験日
7科目をすべてマスター

3のまとめ

目標を達成するには「逆算」で考える

04 目標を達成するために、何を犠牲にしますか？

「行動力」のある人になるために、絶対に必要なことがあります。

それは、**「一度やると決めたことは、徹底的にやり抜く」**ということです。

どんなに緻密な計画を立てても、どんなに情熱をもって目標に向かっていたとしても、途中であきらめてしまっては、いつまでたっても目標まで到達できません。これは当たり前のことですが、多くの人が最後までやり抜くことができずに挫折してしまいます。

たとえば、「2年後にTOEICで800点をとる」という目標を立てたとします。日中は会社の仕事があるので、勉強の時間は、出社前や勤務時間後、あるいは休日になります。

最初のうちはモチベーションも高いので勉強の時間も確保するでしょうが、そのうち「仕事が忙しい」「同僚に飲み会に誘われた」「休日はゆっくり休みたい」という理由で、どんどん勉強の時間が削られて、結局勉強時間がなくなってしまいます。

新しい目標というのは、今の生活を続けていたら成し遂げることはできません。なぜなら、目標達成のためには今の24時間に目標達成への時間を上乗せするからです。

私が学生のころ、司法試験のために勉強していたときは、合格という自分で決めた目標に向けて、生活のほとんどの時間を勉強の時間にあてました。

朝、目覚めるときはカセットテープの教材を目覚まし代わりにし、食事中や移動中もカセットテープを聴いたり、本で勉強したりし、風呂の時間も勉強にあてました。さらに、友人と遊んだり、飲みに行ったり、ということもしませんでした。

つまり、当時は、遊びや娯楽といった楽しい時間は封印し、朝から晩まで人生の時間のすべてを司法試験の勉強にささげていたわけです。

現在では、「本を出版する」ことも目標のひとつですので、刊行スケジュールに間に合うように執筆をしています。平日は弁護士業務があるので、執筆は土日に行います。だから、疲れたからといって土日にゴロゴロしたり、遊びに行ったりということはしません。

このような私の経験から言えることは、**自分の決めた目標をやり抜くには、何かを犠牲にしなければいけない**、ということです。つまり、代償を払う必要があるのです。

目標を達成したければ、引き換えに何かを犠牲にする、それとも、犠牲にしたくないので、目標をあきらめるか、どちらか決断しなければいけません。この決断をすることなく前に進んでしまうと、苦労はしたのに誘惑に負けて挫折するという最悪の結果になります。

「2年後にTOEICで800点をとる」という目標を立てたら、どれだけの勉強時間を確保すればよいかを算出します。その結果「1日1時間」の勉強が必要だとわかったら、「今の生活のうち、○○の1時間を捨てる覚悟があるか？」と自問自答しましょう。

つまり、会社の同僚との飲み会は断る、テレビを見る時間を減らす、睡眠時間を削る、というように覚悟を決め、捨てるべきものは捨てなければいけません。

飲み会を断ることに決めたら、みんなに「合格するまで飲み会は行かない。だから誘わないで」と宣言するのです。このようなことができないなら、途中で挫折してしまう可能性があるでしょう。

「年収1000万円を目指す」「独立・起業をする」といった目標を立てた人も、他の人と同じことをしていては、抜きん出ることはできませんし、いずれ挫折してしまいます。

目標が大きければ大きいほど、大きい代償を支払わなければなりません。目標を立てることは誰でもできますが、最後までやり抜くことができる人しか達成はできないのです。

目標達成には代償が必要

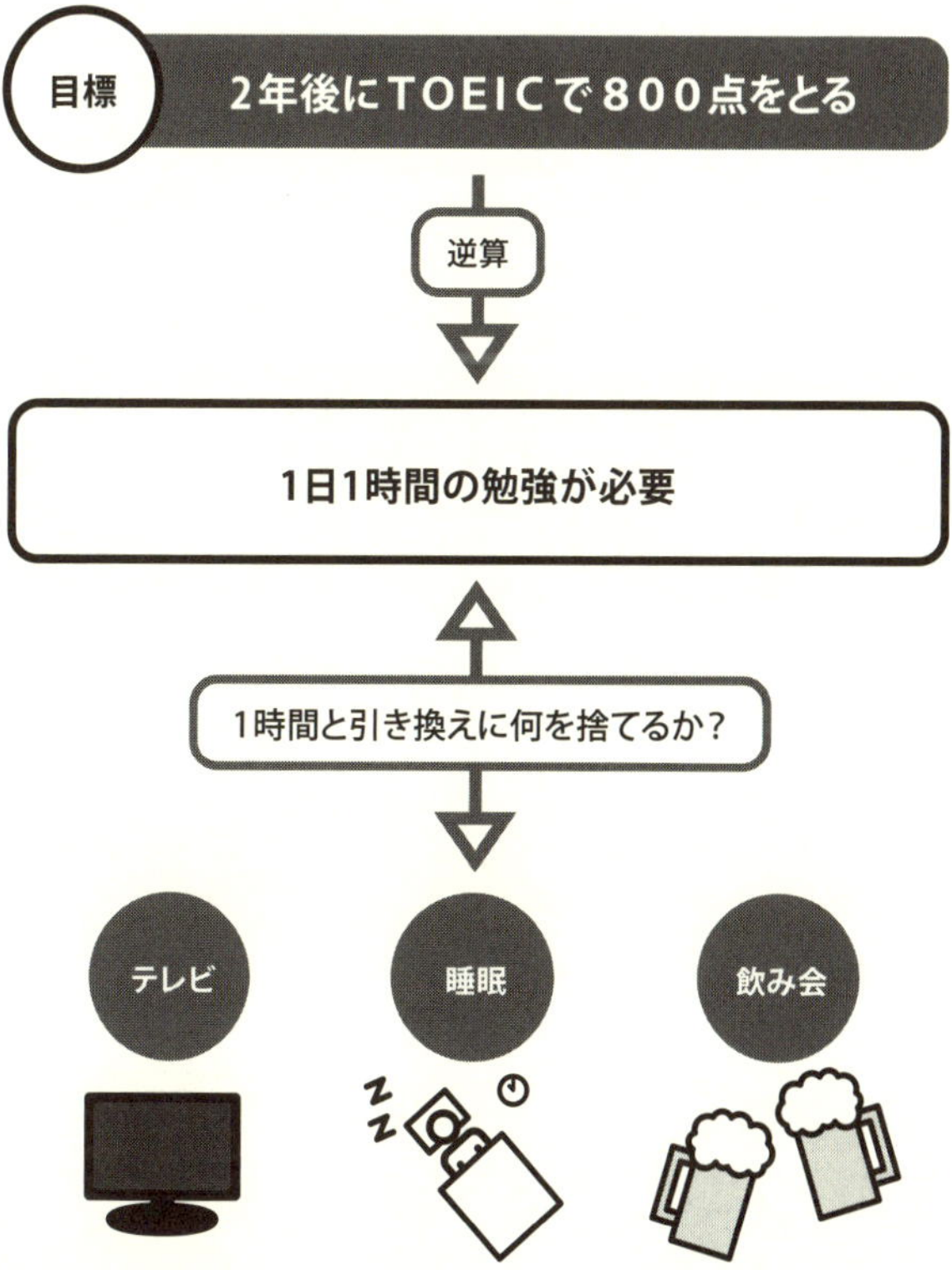
目標
2年後にTOEICで800点をとる
逆算
1日1時間の勉強が必要
1時間と引き換えに何を捨てるか？
テレビ
睡眠
飲み会

4のまとめ　**目標達成のための「代償」を認識しよう**

05 自分をコントロールする主導権は絶対に手放さない

人は、行動できないことを他人や環境のせいにしがちです。

たとえば、仕事に必要な資格を取得するために勉強をしていたとします。しかし、途中で挫折してしまう人は、次のような言い訳をするでしょう。

「仕事が忙しいから、勉強する時間がとれなかった」

「休日は家族サービスしなくてはいけないから、勉強の時間がとれない」

「上司に面倒な仕事を振られたせいで、勉強のペースが乱れてしまった」

行動できなかった理由を他人や環境のせいにするということは、**「自分の状況をコントロールする権利」**を自分から放棄することにほかなりません。

つまり、他人や環境のせいにした途端、自分が勉強できるための条件として、「家族から家族サービスをねだられないこと」「上司から仕事を振られないこと」が必要となってしまいます。しかし、これは、他人が決めることです。これが自分をコントロールする権利を放棄した、ということです。

行動の責任を他人や環境に押しつけてしまうと、その瞬間、自分ではどうしようもできなくなります。他人や環境が変わってくれれば行動できるかもしれませんが、変わらなければいつまでたっても行動できません。自分が行動できるかどうかが、他人や環境で決まってしまうというのは、おかしな話だと思いませんか。

私は、行動の責任は自分で負うべきだと思います。**責任を自分で背負った瞬間に、「自分の状況をコントロールする権利」を手にすることができます。**

弁護士の話ですが、弁護をする依頼人が、状況証拠も証言もすべてにおいて分が悪い、とても不利な状況にあるとしましょう。

そのようなとき、「こんな状況をつくり出したクライアントが悪いのだ」「こんな不利な状況では勝てるわけがない」と責任を放棄してしまったら、思考が停止してしまいます。

しかし、「少しでもクライアントにとって有利な判決へと導くためにできるかぎりの手を尽くす」と責任を引き受けることができれば、打つべき手が見えてきますし、もしかしたら突破口となる秘策が見つかるかもしれません。

先の勉強の例でも、もともと予想できた忙しさだったとすれば、はじめの分析・逆算・判断が誤っていたのかもしれません。そうだったとしても、はじめた以上は、自分の力で何とかしないといけないのです。急に忙しくなったとしても同じです。

まず、仕事などをできるだけ早く終わらせるよう効率化を図り、無駄な時間をそぎ落として、なんとかして時間をつくれないか努力すべきです。また、勉強時間が減ってしまうのであれば、さらなる集中力と効率化により、密度を高くするよう努力すべきです。

普段、自分の限界値で行動している人はほとんどいないでしょうから、これらの工夫によってほとんどは解決するでしょう。

あなたは、行動できない理由を他人や環境のせいにしていないでしょうか。

不思議なことですが、自分で責任を背負った瞬間、解決に向けて思考が回り出し、行動を起こせるようになってきます。ぜひ、試してみてください。自分の人生は、自分で決め、自分でコントロールしていきたいものです。

「他人責任」と「自分責任」の違い

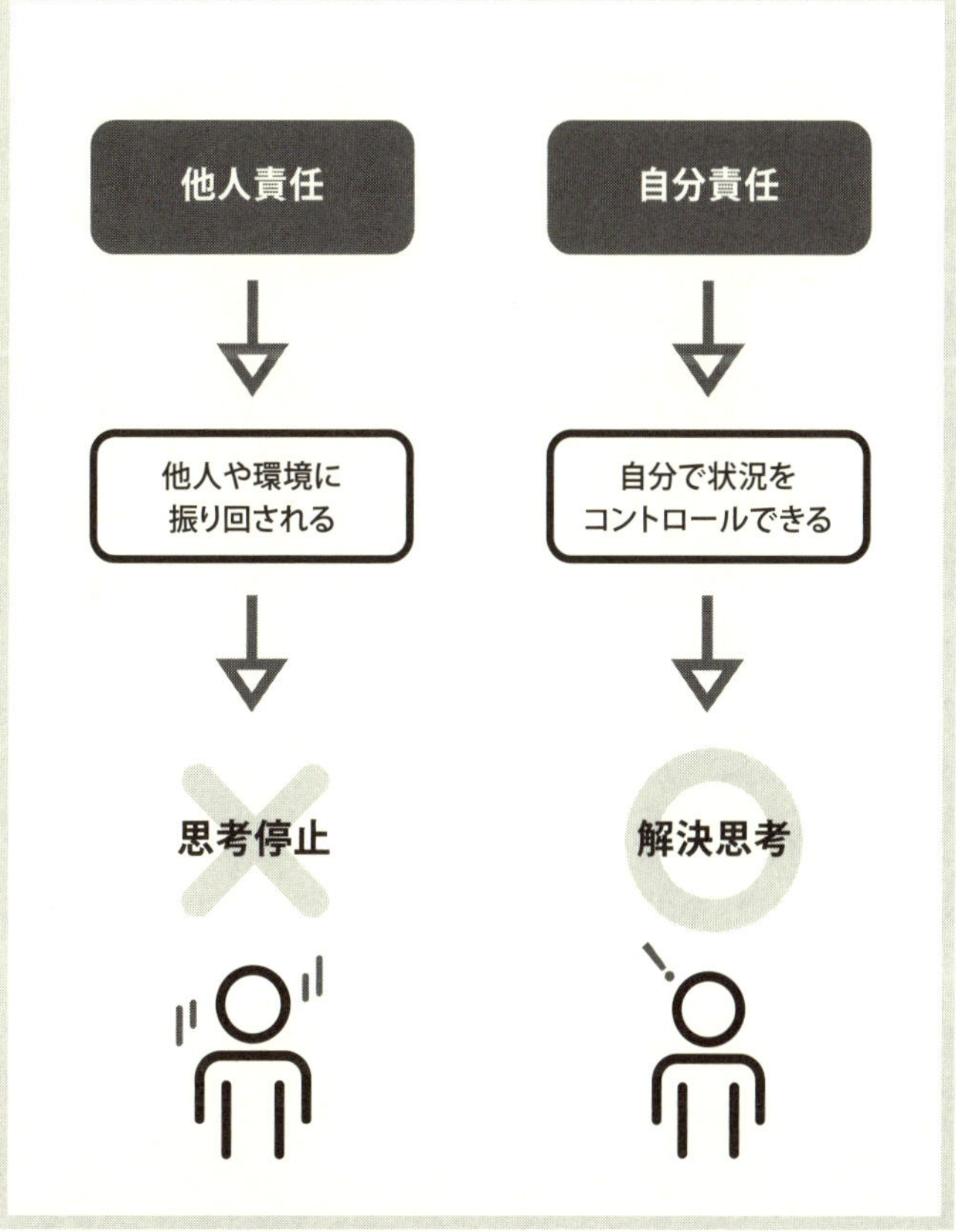
他人責任
他人や環境に
振り回される
思考停止
自分責任
自分で状況を
コントロールできる
解決思考

5のまとめ

「自分責任」にして
自分のコントロールを守る

06

行動できない弱い自分を受け入れる

人の意志というのは、弱いものです。行動を起こすことができない、あるいは行動を続けたくても、あきらめてしまうということがないでしょうか。

恥ずかしい話ですが、私も昔、英会話を勉強しようとして3日で挫折してしまったことがあります。ダイエットにチャレンジし、1週間でやめたこともあります。

私の場合、代償を支払うことを決意せずにはじめてしまったのが原因ですが、誰もが、やろうと決めたことをあきらめてしまった、という経験をもっているでしょう。

だからといって、「自分は意志の弱い、ダメな人間だ」と、必要以上に自分を責めることはありません。ほとんどの人が弱い面をもっているのです。

大切なのは、**まず「自分が弱い人間である」という事実を自覚し、受け入れるこ**

とです。そのうえで、弱い自分をコントロールする方法を考えるのです。

たとえば、司法試験の勉強が思うようにいかないときには、自分がダメな人間のように思えてしまいます。このような状況になると、自分に対して言い訳をします。

「本当は司法書士のほうが向いているのではないか」

「もともと親が勉強しろと言ったからはじめただけで、本当は弁護士なんかなりたくなかった。就職も厳しいみたいだし」などと、逃げ出すことを正当化し、自分の自尊心を守っているのです。これを心理学では「合理化」といいます。

私も自分のことを本来は弱い人間だと思っています。ですから、司法試験の勉強をしているときも、楽な方向に流されたいという気持ちも芽生えました。そんな弱い自分をわかっていたからこそ、私はそれを自覚し、コントロールすることを考えたのです。

そのために、試験勉強以外の魅力的なことを考えないようにしました。

たとえば、テレビは電源を入れないことにしました（ただし、週に1時間だけご褒美としてプロレス中継だけは見ていました）。つまり、テレビを「大切な勉強時間を奪う有害なもの」と考えるようにしたのです。

また、実家に帰省したときも、普段やっているのと同じ勉強のスタイルを貫きました。久しぶりに返ってきた息子にやさしくする両親の態度に接すると、それに甘えて実家でのんびりしてしまうことがわかっていたので、食事中に少し会話をする以外は、ずっと勉強に没頭していました。家族には悪いことをしてしまいましたが、自分の弱さをわかっていたからこそ、わざとそのような態度をとったわけです。

このように弱い自分が逃げ出さないようなしくみを自らつくり上げていったのです。自分が自分自身のコーチになって、マネジメントするような感覚だといえるでしょう。

仕事でも同様です。

たとえば、プロジェクトがうまくいかない理由を「上司が悪い」「会社が悪い」などというように自分を正当化しがちです。

しかし、このようなときも、「自らプロジェクトの中の重要な役割を引き受ける」などの環境に追い込むことで、自分を奮い立たせることです。

誰もが完璧ではありません。まずは弱い自分を受け入れたうえで、その弱さを克服する方法を考えると、行動を持続させることができます。

逃げ出さないしくみをつくる

プロジェクトがうまくいかない

↓

弱い自分が出る

「上司が悪い」「会社が悪い」……

↓

弱い自分を受け入れて、コントロールする

↓

- 重要な役割を引き受ける
- 目標や期限をまわりに宣言
- プロジェクト完了まで飲み会欠席を宣言

6のまとめ

「弱い自分」を受け入れよう

07 「行動宣言」で行動をコントロールする

行動できない弱い自分をコントロールする方法としては、**「宣言する」**のも効果的です。

私の弁護士事務所では、年始に私を含めチーム全員が、1年の目標を宣言します。

私の場合は、「今年は新しい○○の分野に進出します」「今年中に○冊の本を出版します」といった目標をみんなの前で発表します。

他の弁護士は、「今年は売上○○円を達成します」と仕事上のノルマを宣言する人もいれば、「今年は1日30分英語の勉強をします」といったプライベートに近い目標を発表する人もいます。

いずれにしても、みんなの前で宣言すれば、もしも目標に向けた行動をとっていないと、まわりから、「このままだと売上目標が達成できないのでは？」「英語の勉強は続いている?」などと指摘されることになります。

こうしたプレッシャーがかかることで、半強制的に目標達成に向けた行動をとることになります。

このように、他人に「○○します」と宣言して自分を追い込めば、達成されていない場合には、他人からの指摘が来ますので、行動せざるを得ません。「自分は行動力がない」と自覚している人は、ぜひ試してください。

宣言する相手は、できるだけ身近な人がいいでしょう。さぼっているとすぐにわかるくらいの関係性のほうが、いい具合に強制力が働きます。

仕事上の行動目標であれば上司や同僚などが最適でしょうし、「ダイエットをする」「資格をとる」といったプライベートな目標であれば、家族に宣言するとよいでしょう。

他人に宣言する方法は、日常の業務の中でも使えます。**ずるずると仕事を先延ばしにしがちな人は、仕事の当事者に対して「締め切り」を宣言してしまうのです。**

たとえば、「ちょっと面倒だな」と思う仕事の案件があるとします。後回しにすると、いつまでたっても仕事が進みません。

そこで、「○月○日にもう一度打ち合わせをしましょう。そのときまでに、私も書類を作成しておきます」というように、あえて次にとるべき行動を自分から宣言してしまうのです。相手と約束してしまえば、それを実行に移さないわけにはいきません。

宣言をして半強制的に行動するのは、気が重いかもしれません。しかし、いざ取りかかってしまえば、意外とさくさくと仕事は進んでいきます。

「あれをやらなくては……」とずっともんもんとしているよりは、どんどん仕事を片づけていったほうが、精神的にも楽です。結果的に仕事の効率も上がり、成果も出やすくなります。

まずは、自分の意志が弱いことを受け入れて、行動の宣言をしてしまいましょう。

「宣言」すると「成果」が出やすい

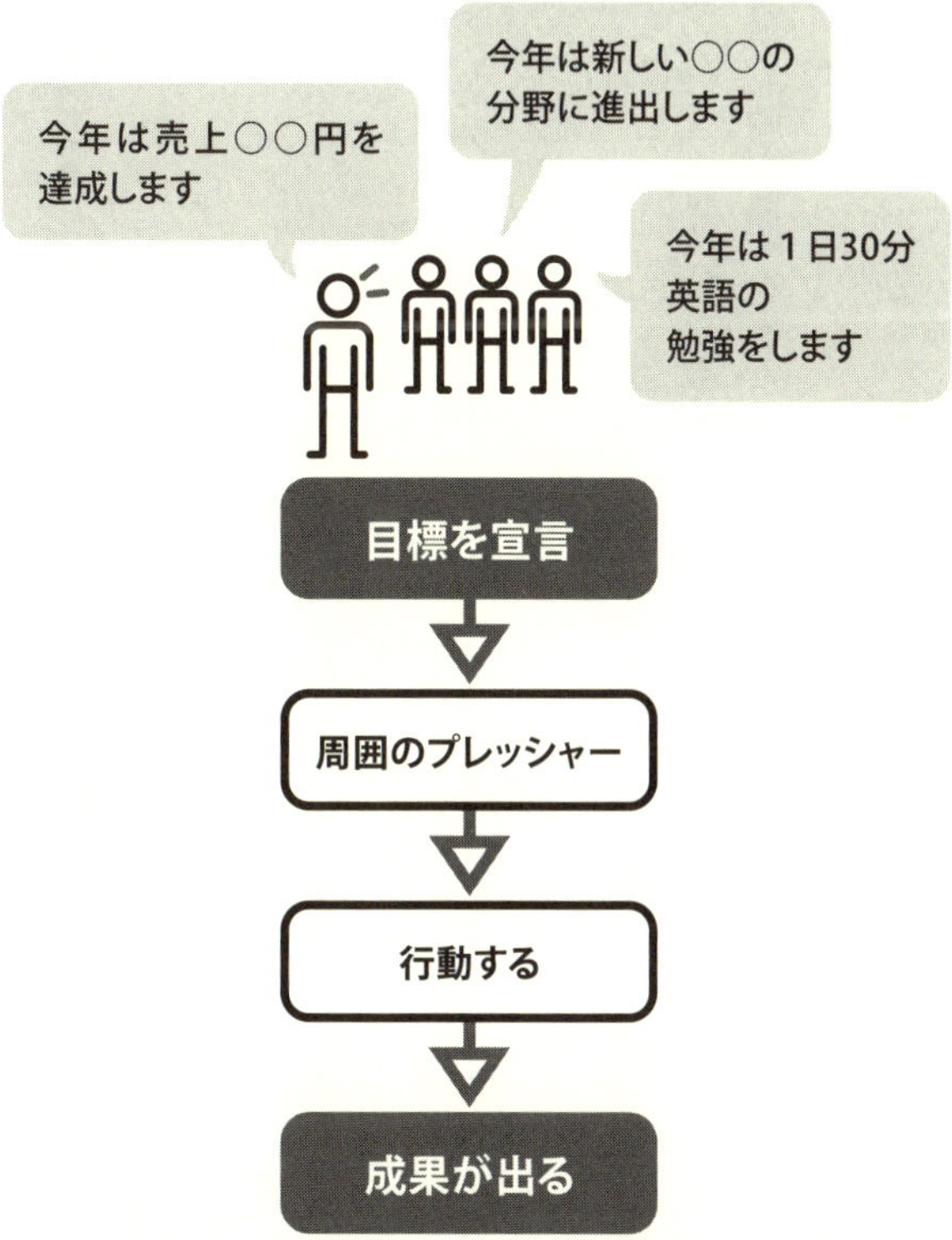
今年は売上〇〇円を達成します
今年は新しい〇〇の分野に進出します
今年は１日30分英語の勉強をします
目標を宣言
周囲のプレッシャー
行動する
成果が出る

7のまとめ　**目標は他の人に宣言しよう**

08 目標達成の壁を越えるには小さなステップをつくる

なかなか行動を起こせないときは、**「小さなステップをつくる」**と実行しやすくなります。

たとえば、「英会話をマスターして外国人と日常会話ができるようになりたい」と思っても、ハードルが高く、いきなり話せるようになるわけではありません。

しかし、「1日10個英単語を覚える」などと、行動を絞り込むことができれば、ハードルが低くなります。また、先ほども述べたように、一度、取りかかると「慣性の法則」が働くので、英会話の勉強をするのが習慣になっていきます。

ビジネスでも、仕事を絞り込むことを心がけると、成果が出やすくなります。

たとえば、年収500万円の営業マンが「年収1000万円を実現する」という目標を立てたとします。しかし、何から手をつければいいかわかりませんし、やみくもにがんばっても成果を上げるのは難しいでしょう。こんなときは、「年収1000万円をもらっている人は、社内でどのような立場にいる人なのか」というゴールの状態を調べます。

このとき部署でトップの営業成績の人は、年収1000万円をもらっているとわかれば、↓部署でトップの営業成績を上げている人は、月間何件の契約高があり、新規何件、リピート何件、個人何件、法人何件なのかを分析↓それを超える件数を目標↓新規契約が成立するのに、何人の人と会わないといけないかを分析↓その人数に会うには、何件電話をしなければならないかを分析↓常に最低1日10件の見込む客にアタックすることが必要、というように、今やることが明らかになってきます。

つまり、いきなり大きな目標に向かってがむしゃらに動き出しても、壁を越えることはできません。壁に到達できる小さなステップをつくり、それを上ることに集中するのです。

ほかにも自己投資でいうと、自己成長のためにビジネス書を読んだり、自己啓発セミナーに参加するのは、すばらしいことです。しかし、本を読んだり、セミナーに参加するだけで満足してしまい、行動に移すことができない人も少なくありません。

そんな人も、小さなステップをつくりましょう。たとえば、本を読んだり、セミナーに参加したら、「これはいいな」と思うことをひとつだけ実行に移すのです。

たとえば、「朝、『おはよう』と挨拶する」という習慣を身につけたいと思ったら、実際に行動に移すのです。どんな小さな行動でもかまいません。大切なのは続けることです。

なんでもかんでもまねしようと思うと、挫折してしまいます。そもそものままそっくりまねをすること自体に無理があり、ひとつでも実行できないことがあると、「やっぱり自分には、このやり方は向いていない」とあきらめて、すべてを放棄してしまいます。

行動に移すことをひとつだけに絞れば、「自分には向いていない」「著者だからできた方法だ」という言い訳は通用しません。しかも、自分が「いいな」と思ったノウハウなので、心から納得して行動に移せるはずです。

たったひとつだけでも実行し続ければ、必ず何らかの成果が生まれるはずです。さらに、何かをやり続けることは、「自分にもできる」という自信にもなります。

本は1冊、せいぜい千数百円の投資です。ひとつでも実践し、成果を得られれば、コストパフォーマンスの高い自己投資といえるでしょう。

「年収1000万円」を達成するための小さなステップ

目標 年収1000万円を実現する

↓

1. ゴールの状態を調べる

↓

2. 部署でトップの営業成績の人は、年収1000万円をもらっている

↓

3. トップの人の契約件数を分析

↓

4. それを超える件数を目標にする

↓

5. 新規契約に必要な訪問件数を分析

↓

6. 何件の電話をする必要があるか分析

↓

7. 1日10件の見込み客にアタックする　**小さなステップ**

8のまとめ

行動を起こすための「小さなステップ」をつくる

09 司法試験合格を決定づけたモチベーションアップ法

意思の弱い人は、目標を立てるたびに挫折して、何度も自信を失っているかもしれません。私は、意思の弱い人間であることを自覚していたので、モチベーションを上げる工夫を若いころからしてきました。

司法試験の他の受験生たちは、仲間同士でゼミをつくったり、大学の自習室で勉強してお互いに励まし合ってモチベーションを上げていました。

私は一人で勉強していたので、他の方法を採用しました。司法試験のモチベーションを高めるために、**「弁護士になったことをイメージして、そのときの気持ちを自分に問いかける」**という方法をとっていました。活躍しているときのイメージをするので、前向きな気分になります。

この質問をモチベーションが下がっているときに行なうと、みるみるやる気がわいてきました。孤独な受験勉強をしている最中は、何度も、この質問に救われたものです。

しかし、この方法も万能ではありませんでした。勉強でくたくたに疲れているときには、このようなイメージトレーニングをわざわざ実行する気さえ起きなかったからです。


そこで、私が次に考えた方法は、イメージトレーニングに入っていきやすいように、自分の声をテープに吹き込んでおくという方法で、次の内容を吹き込んでおきました。

「今日は司法試験の合格発表日です。あなたは今、合格発表の掲示板を見に来ています。法務省の赤レンガをくぐり抜けると、合格掲示板がありました。あなたは、他の受験生にまじって自分の受験番号を探しています。あっ！　ありました！　あなたは司法試験に合格したのです。やった！　やりました！　今、苦労が報われたのです！」

司法試験に合格したときの状況をイメージしやすいように、具体的な情景と気持ちを表現したのです。

これをモチベーションが下がっているときや、勉強の合間に聞くと、合格した歓喜の瞬間を体験できるので、やる気がみなぎってきます。ときには、朝、目覚まし代わりに、吹き込んだテープを流していたこともありました。

疲れているときに頭の中でイメージするのは大変ですが、テープに吹き込んであれば、ラジカセやウオークマンのボタンを押すだけ。受け身の状態でも、合格体験をすぐにイメージできます。

中には、「自分の声を吹き込むなんてバカらしい」「自分の声を聞くのは恥ずかしい」などと思う人もいるかもしれません。

しかし、一度だまされたと思ってやってみてください。意外なほど効果があることを実感できるはずです。

大きなプロジェクトを達成したいなら、プロジェクトを達成したときに得られる成果や感情を吹き込み、独立起業を目指しているなら、理想とする仕事の環境や生活スタイルを吹き込むとよいでしょう。

私の若いころはカセットテープでしたが、今はｉＰｏｄなどデジタル・オーディオ・プレーヤーなどが主流なので、まずは気軽な気持ちで吹き込んでみてはいかがでしょうか。ちょっとした休憩時間や、仕事をする気が起きないときなどに聞くことによって、モチベーションを上げることができるはずです。

「自分の声」でモチベーションを上げる

独立起業した私は、高層オフィスタワーの40階に
オフィスを構えている。社長室から景色を眺めながら、
秘書が入れてくれるコーヒーを飲むのが１日のはじまり。

「Congratulations!」
英語をマスターした私は、かねてから希望していた
海外事業部に配属され、
今日、はじめてアメリカの企業との契約が成立した。
上司や同僚に祝福されながら……

僕は海の見える家に住んでいる。
広い庭では、大型犬を飼っていて、
ときには家族でバーベキューをすることもある。
毎晩、妻と子どもたちと一緒にとる夕食が至福のときで……

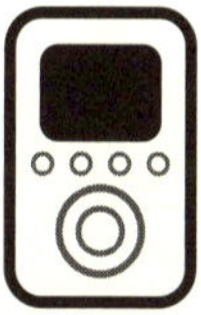

9のまとめ

理想の自分を音声に吹き込む

10 初心を常に確認することが目標達成につながる

私が弁護士になって、3年ほどたったころの話です。

3年ほど同じ仕事を続けていると、だんだんと仕事のやり方に慣れてきて、少し注意力が散漫になるものです、私も例外にもれず、3年目には弁護士業にも慣れてきて、感覚で仕事をするようになっていました。「この案件は、こんな感じで処理すれば解決するだろう」と考えるようになってしまったのです。

ところが、それが原因で、そのころ担当していた事件でとんでもない失敗をしてしまいました。「こんな感じで大丈夫だろう」という感覚で事件を処理しようとしたところ、予想外に裁判が長期化してしまったのです。

私は裁判の終盤で、ようやくこちらに有利な判例があることに気づきました。最初から丹念に判例を調べていれば、もっと有利に裁判を進められたはずでした。つまり、自分のいいかげんな姿勢が原因で、本当は早く終わるはずの裁判をムダに長期化させてしまったのです。

クライアントに大変申し訳ないことをしてしまいました。同時に、自分がとても愚かでみじめな気持ちにもなりました。

「初心忘るるべからず」という言葉がありますが、これは目標を達成するプロセスについてもいえることです。

たとえば、1年間で売上を2倍にすることが部署の目標だとします。そのために、インターネットによるマーケティングに力を入れることにしました。

ところが、そのうちホームページのアクセス数を上げることに夢中になり、「売上を2倍にする」という本来の目標を見失ってしまうことがあります。ホームページのアクセス数が増えても、商品を購入してくれるお客さまが増えなければ意味がありません。

もうひとつ例をあげましょう。「会社を独立して、お客さまに貢献するビジネスを立ち上げる」ことを将来の目標としていたとします。しかし、時間が経過するうちに、会社を辞めて独立すること自体が目的になってしまう、というケースは少なくありません。このような独立・起業が失敗することになるのは、火を見るより明らかです。

達成までに長期間が必要になる目標は、日々の業務に追われているうちに、見失われてしまいがちです。

それを防ぐためには、定期的に振り返り、初心に戻ることが必要になります。

私の場合は、年に一度、大みそかや正月に次のような質問を自分自身に問いかけています。

（大みそか）「今年1年間は、目標を達成できたか」

（正月）「今年1年間は、何を目標とするか」

年末年始にかぎらず、半年に一度、3カ月に一度、1カ月に一度でもいいので、自分の目標を定期的に振り返りましょう。振り返りのスパンは短いほど効果的です。

こうした作業を経ることで、目標が順調に進んでいるか、間違った方向に向かっていないかをチェックすることができます。

「振り返り」の例

今やっていることは、
初心に反していないか？
このまま突き進んでも
大丈夫か？
目標は達成
できたか？
これからは
何を目標するべきか？

10のまとめ

機会あるごとに初心を見直そう

第1章

行動力

行動力をつけるための、
左の10の項目のうち、
足りないものにチェックし、
その部分を読み直してみましょう!

Check!

01 先送りせずに、目の前のことをやろう ☐

02 まずは、「見切り発車」で行動してみよう ☐

03 目標を達成するには「逆算」で考える ☐

04 目標達成のための「代償」を認識しよう ☐

05 「自分責任」にして自分のコントロールを守る ☐

06 「弱い自分」を受け入れよう ☐

07 目標は他の人に宣言しよう ☐

08 行動を起こすための「小さなステップ」をつくる ☐

09 理想の自分を音声に吹き込む ☐

10 機会あるごとに初心を見直そう ☐

第 2 章

ライバルに差をつける「先見力」

11 先見力がある人が結果を出せる

私は、合気道をやっています。合気道は、体格や体力に関係なく、「小よく大を制する」のを特徴とする武道です。つまり、相手が攻撃をしかけてきたときに、相手の力を利用して投げ技や固め技を繰り出します。必ずしも自分から積極的に攻撃をしかければ勝てるというものではありません。

相手の力を利用して技をかけるときは、相手がどのような攻撃をしかけてくるかに全神経を集中させ、相手の攻撃をかわすと同時に、その力を利用して技をかけます。したがって、合気道では、相手の体の動きを観察し、「先を見通す」ことが大切です。

このように、**合気道などの武道やスポーツでは先を見通す力、つまり「先見力」がプレーの質を高めますが、先見力の重要性は、弁護士の仕事についてもいえます。**

交通事故の被害者の弁護をするケースで考えてみましょう。

依頼者は大きなケガを負っていて、心情的にも相手を許せないため、「過失を裁判で争いたい」という意向をもっていたとします。

弁護士は、これまでの経験から1500万円の損害賠償の判決を得られる可能性もあると考え、迷わず裁判で争うことにしました。

しかし、結果的に裁判で被害者側に不利な証拠が見つかり、過失相殺（被害者側の責任（過失）割合相当分を損害額より差し引いて賠償すること）で500万円の損害賠償しか得られませんでした。

この弁護士の場合は、「先見力」に欠けていたといわざるを得ません。

弁護士が戦略を立てるときは、常に先を見通したうえで方策を実行しなければいけません。裁判で過失を争うのであれば、こちらに不利な証拠が出ること、被害者の期待を下回る判決が出ることをあらかじめ想定しておく必要があります。

裁判で争うのではなく、示談という選択肢もあったはずです。1500万円の損害賠償は難しくても、示談で1000万円の慰謝料を得ることはできたかもしれません。

このように、弁護士はこれから起こりうることを先読みし、あらゆる可能性を考慮したうえで戦略を立てなければ、クライアントに最大限の利益をもたらすことはできません。過失を争う裁判を起こしてから、「やっぱり、やめておけばよかった」と思っても、すでに手遅れなのです。

ビジネスも同様です。

上司の気持ちを先読みし、前もって行動を起こせる人は、高い評価を得られます。取引先の求めるものを先読みし、先回りした行動がとれれば、大きな信頼を獲得することができます。

また、プロジェクトを動かす際にも、あらゆる可能性について先を見通し、チャンスやピンチを誰よりも早く察知できれば、そのプロジェクトをよい方向へと導くことができます。

お客さまや上司、会社のメンバーなど、ビジネスを取り巻く人々の気持ちや行動をよく観察し、先手を打つことができれば、ライバルに差をつけられるでしょう。

「先見力」を身につけるメリット

会社での
コミュニケーションが
うまくいく

営業成績がアップする

チャンスをつかめる

ピンチを回避できる

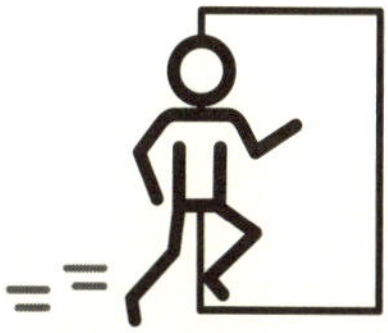

11のまとめ　結果を出すために先見力を身につける

12 「先見力」を磨く7つの力

先見力は、ビジネスで成功するために欠かせない資質のひとつです。先を見通したうえで動くことができると、チャンスをつかむ可能性が高まります。

たとえば、取引先が新商品を開発するという情報をつかんだとします。そのとき、相手からの依頼を待つのではなく、「おそらくこのような部品が必要になるだろう」と予測し、その部品をあらかじめ提案できればどうでしょうか。

取引先のニーズに合うものであれば、それは取引先にとって「満足」を超えた「感動」となり、さらなる信頼へとつながるでしょう。

仮に、提案した部品が取引先のニーズとズレていたとしても、取引先の状況や意向を意識し、積極的に行動したことに対しては、好感をもってもらえますし、ズレを解決すれば、取引につながるのではないでしょうか。

先見力
GOAL!
20
19
18
17
16
15
14
13
12
11

先見力を身につけると、ピンチや失敗を未然に防ぐことができます。

クライアントとの打ち合わせの段階でよくあるケースですが、弁護士が説明したメリットだけが頭に残り、デメリットを忘れてしまう人は少なくありません。

たとえば、交通事故の被害者に「満額3000万円の損害賠償を得られる可能性があるが、裁判の展開によっては2000万円になってしまう可能性がある」と説明しても、どうしても「3000万円」という都合のよい数字だけが記憶に残りがちです。そのため、裁判で賠償額が2000万円に減額されると、「なぜ、こんなことになるんだ！」とクレームになる危険性があります。

したがって、打ち合わせの段階で、「クライアントは都合よく解釈しているな」という様子が見られたら、あらためて書類にメリットとデメリットを整理して伝えます。

こうした対応も、先見力がないとできません。

ビジネスでも同様です。自社の販売している商品がブームになって、売れに売れているとします。つくればつくるだけ飛ぶように売れるので、どんどん増産していくことになります。しかし、ブームはいつか必ず終えんを迎えます。

先見力を駆使すれば、ブームが終わる前兆を察知し、生産ペースを抑えることができます。しかし、先を見通すことなく、イケイケドンドンの生産を続けていたら、ブームが終わったときには大量の在庫を抱えるはめになってしまいます。

このように、チャンスにしろ、ピンチにしろ、先読みをしていれば、あわてることなく、先手を打つことができます。先手を打つことができれば、ビジネスに好循環が生まれます。

一方、先の見通しが十分にできていないと、小さなチャンスが目の前を通り過ぎようとしたときに気づくことができません。また、問題が起きたときも、とっさのことにあわててしまい、うまく対処ができません。

つまり、すべてが後手、後手に回ることになり、ビジネスの悪循環が起きてしまいます。

では、どうすれば、先見力を身につけることができるでしょうか。

私が考える、先見力を構成する要素は次の7つです。

①観察力　②察知力　③想像力（ストーリー力）　④仮説力
⑤論理力　⑥直感力　⑦知識力

次項からは、こちらの7つの力をひとつずつ説明していきましょう。

「先見力」を磨く7つの力

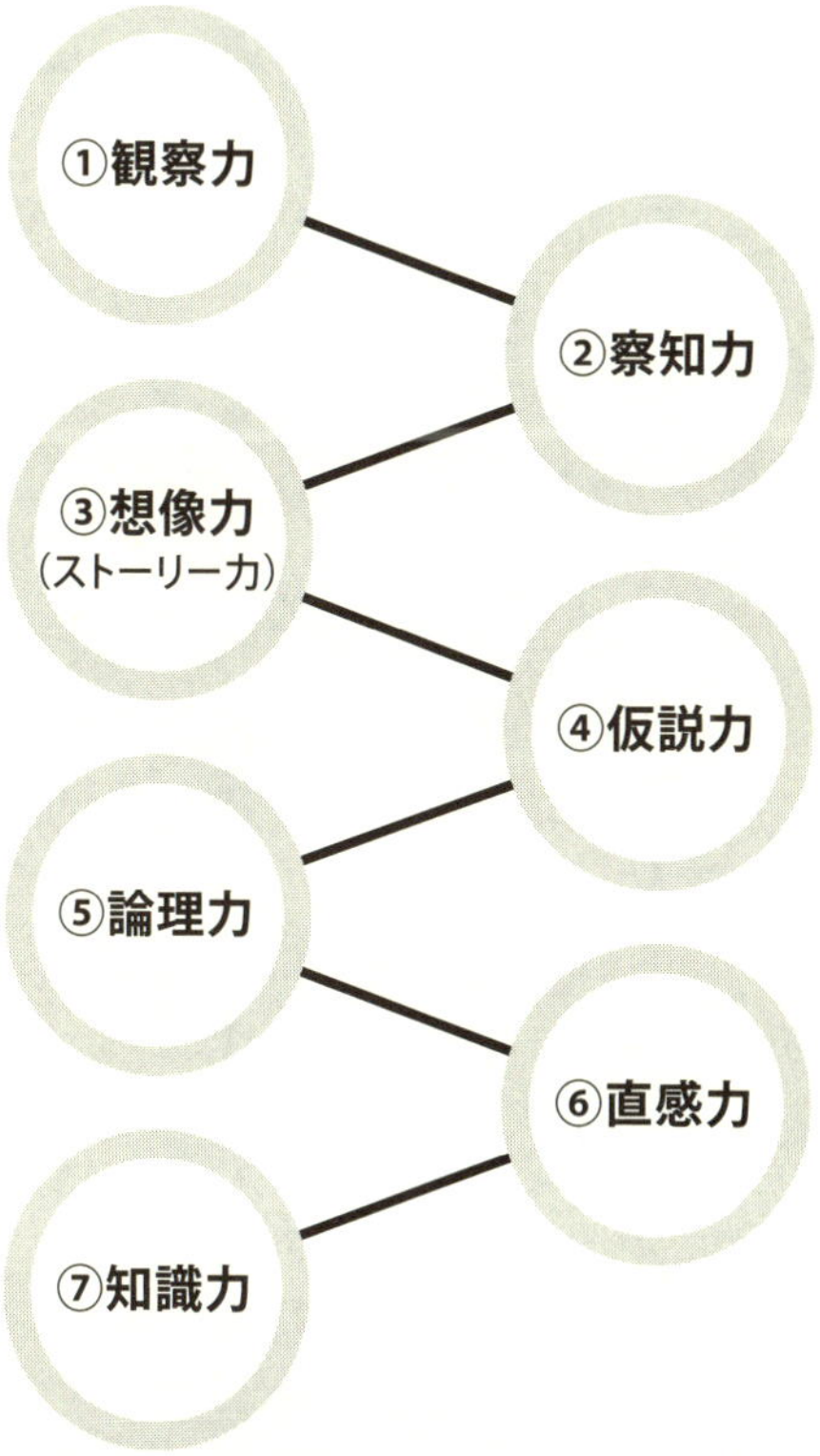

12のまとめ　**先見力は7つの力で身につける**

13 「観察力」でチャンスとピンチの兆候をつかむ

先見力を習得するひとつ目の要素は、**「観察力」**です。これは、物事の本当の姿をありのままによく見る力のことです。

ここからは、架空の交通事故の案件を例に説明していきましょう。

「トラックを運転していたAさんは、交差点の対面信号が青に変わり、先頭の4トントラックが動き出したことから、それにつられて交差点に進入、右折をはじめました。そのとき青信号で横断歩道を横断中の歩行者のBさんに気がつき、ブレーキをかけましたが、間に合わずに衝突しました。

この結果、トラック運転者のAさんは無傷、歩行者のBさんは頭蓋骨を骨折するという重傷を負いました」

これは、交通事故では実際にありうるケースです。このとき、被害者であるBさんの弁護を担当するとしましょう。

Bさんの弁護をするにあたって、まずはさまざまな角度から状況を「観察」をすることになります。

まずは、加害者と被害者、それぞれの供述調書や、警察が事故直後に作成した実況見分調書など読み込みます。観察するのは、書類の内容だけではありません。裁判においては、事故の現場に足を運び、その状況を自分の目で確認することもあります。

「信号が変わるサイクルはどうか？」「近くに防犯カメラは設置されていないか？」「目撃者はいそうか？」といったことを観察していくと、ときに供述調書や実況見分調書との矛盾点や引っかかる点などが見えてくることがあります。

実際に、私が担当した多くの裁判でも、現場を観察したことにより、こちらに有利な状況証拠をつかんだり、加害者側の論理矛盾に気づいたりすることがありました。文字だけの書類を読んでいるだけでは見えてこない真実が現場にはあるのです。

ビジネスにおいても、「観察力」はとても大切なことです。

たとえば、60代向けの商品企画を作るとします。

その商品を投入する市場の調査をするときに、60代の平均的な市場データだけを参考にするのと、50代や70代と比較したデータや男女別のデータ、地域ごとのデータなど複数の情報があれば、データの確度は上がりますし、平均的なデータからは見えない市場の兆候に気づけるかもしれません。

私も仕事で情報を集めるときは、ひとつだけではなく、必ず複数の情報源にあたって、情報の精度を上げるように心がけています。


また、60代でなければ、60代の人の本当のニーズや嗜好《しこう》というのをつかみきるのは難しいかもしれません。

そこで、商品の対象となる60代の人に実際にインタビューをしたり、実際に商品が使われている現場に足を運んで観察すると、これまで見えていなかった問題点や課題が見つかったり、逆によりよいアイデアが思いつくこともあるでしょう。

先を見通すには、まずはあらゆる角度から観察し、物事の真の姿をとらえることが重要です。そうすることでチャンスやピンチの兆候をつかむことができるのです。

交通事故から学ぶ「観察力」

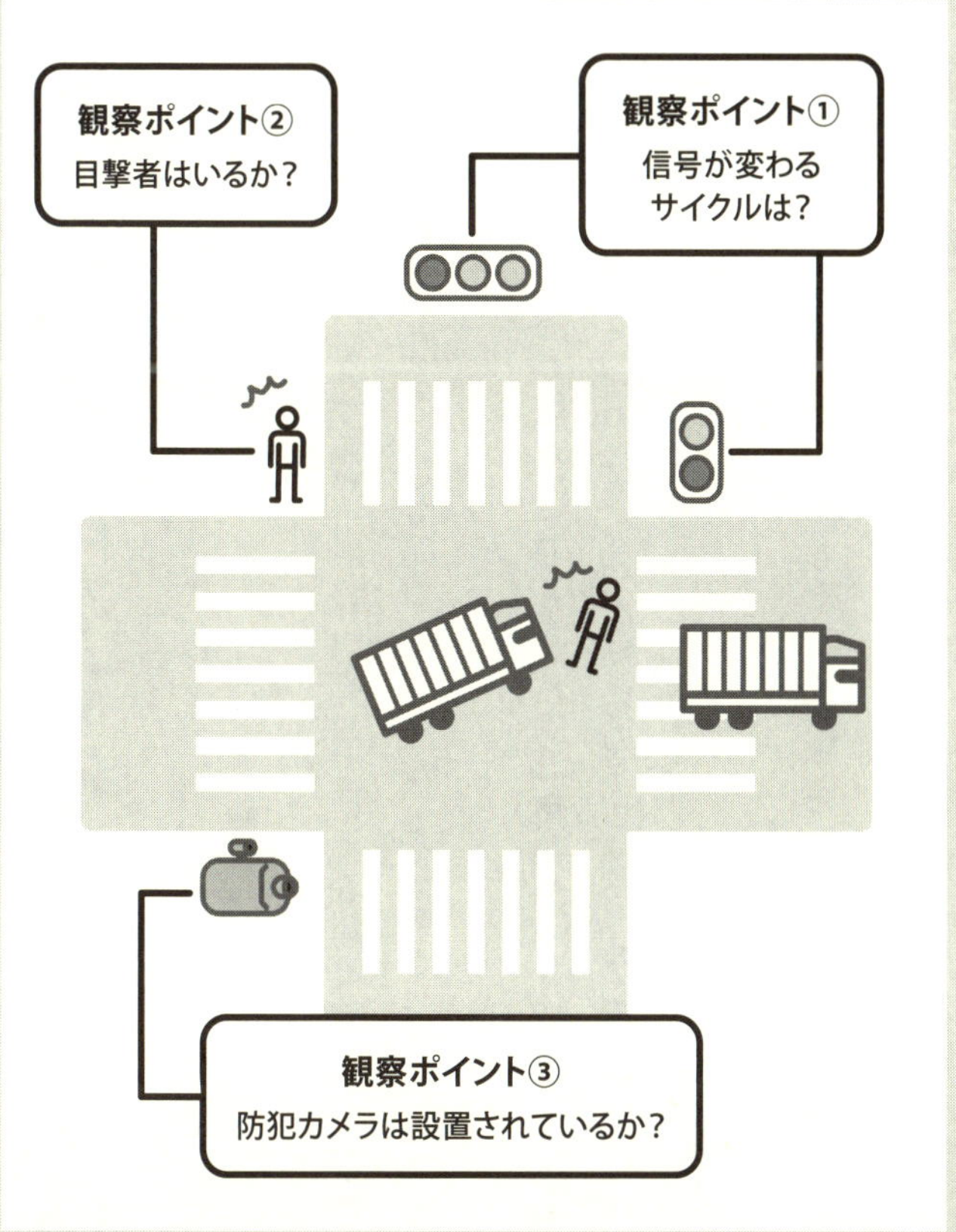
観察ポイント②
目撃者はいるか?
観察ポイント①
信号が変わる
サイクルは?
観察ポイント③
防犯カメラは設置されているか?

13のまとめ

できるだけ多くのものを「観察」する

14

「察知力」の邪魔をする先入観を捨てる

物事をあらゆる角度からよく観察しても、そこで見える部分から何かを察知できなければ、観察力の効果は半減してしまいます。もちろん、その先を見通すこともできません。

物事の問題や原因に気づく能力のことを、私は**「察知力」**と呼んでいます。

世の中で「できる人」といわれる人や成功者の多くは、「察知力」に長けています。あなたのまわりにも、すぐに問題に気づいたり、画期的なアイデアを出したりするような「ピンとくる」タイプの人はいないでしょうか。

このような人は一般に「勘がいい」「センスがある」といういわれ方をしますが、多くの場合、察知力にすぐれているから、まわりの人よりも重要なことに気づくことができるのです。

こうした察知力は、勘やセンスといった天性の素質ではありません。

会社でいちばんの売上を上げるトップセールスマンや、ヒット商品を次々と開発するヒットメーカーは、勘やセンスがずば抜けているように見えるかもしれません。

たしかに、彼らが勘やセンスはすぐれているでしょうが、土台となるスキル（技術）や経験があるからこそ、多くのことに気づくことができるのです。

トップセールスマンであればコミュニケーション力やプレゼン力、ヒットメーカーであれば情報収集力や分析力が長けているに違いありません。

察知力というのは、スキルや経験、知識、思考力、周到に準備する力など、さまざまな能力が複合的に組み合わさって発揮されるものです。ですから、優秀な人だけが使いこなせる力ではなく、誰もが訓練を積むことで発揮できる能力なのです。


ただし、気をつけてほしいことがあります。**「経験」は察知力を発揮するうえで欠かせないものではありますが、同時に察知力を鈍らせることもあります**。

たしかに、実際に自分で体験したこと、上司の仕事ぶりから学んだことから、物事の勘所がわかるようになり、察知力は磨かれていきます。

しかし、「経験」は、ときに「先入観」となり、チャンスやピンチの予兆を見えづらくしてしまうことがあるのです。

たとえば、先ほどの交通事故の事例でいえば、加害者であるトラック運転手の「ブレーキをかけた」という供述を真に受け、先入観をもって現場を見てしまうと、真実を見逃してしまうこともあります。

もしかしたら、よそ見をしていて被害者に気づいていなかったかもしれません。察知力がある人は、先入観にとらわれず、現場で観察をし、ブレーキ痕がないことに気づいたなら、「ブレーキ痕がないならば、本当にブレーキを踏んだのか?」を確認するはずです。

先入観や思い込みは、自分ではなかなか気づけません。

察知力を発揮する際には、「自分が前提にしている事実は、証拠に裏づけられているか?」「先入観を持って事実を見ているのではないか?」「この考えが間違いだと仮定すると、どんな可能性があるか?」と自らに問いかけるようにすると、先入観を捨て去ることができます。

交通事故の事例から学ぶ「察知力」

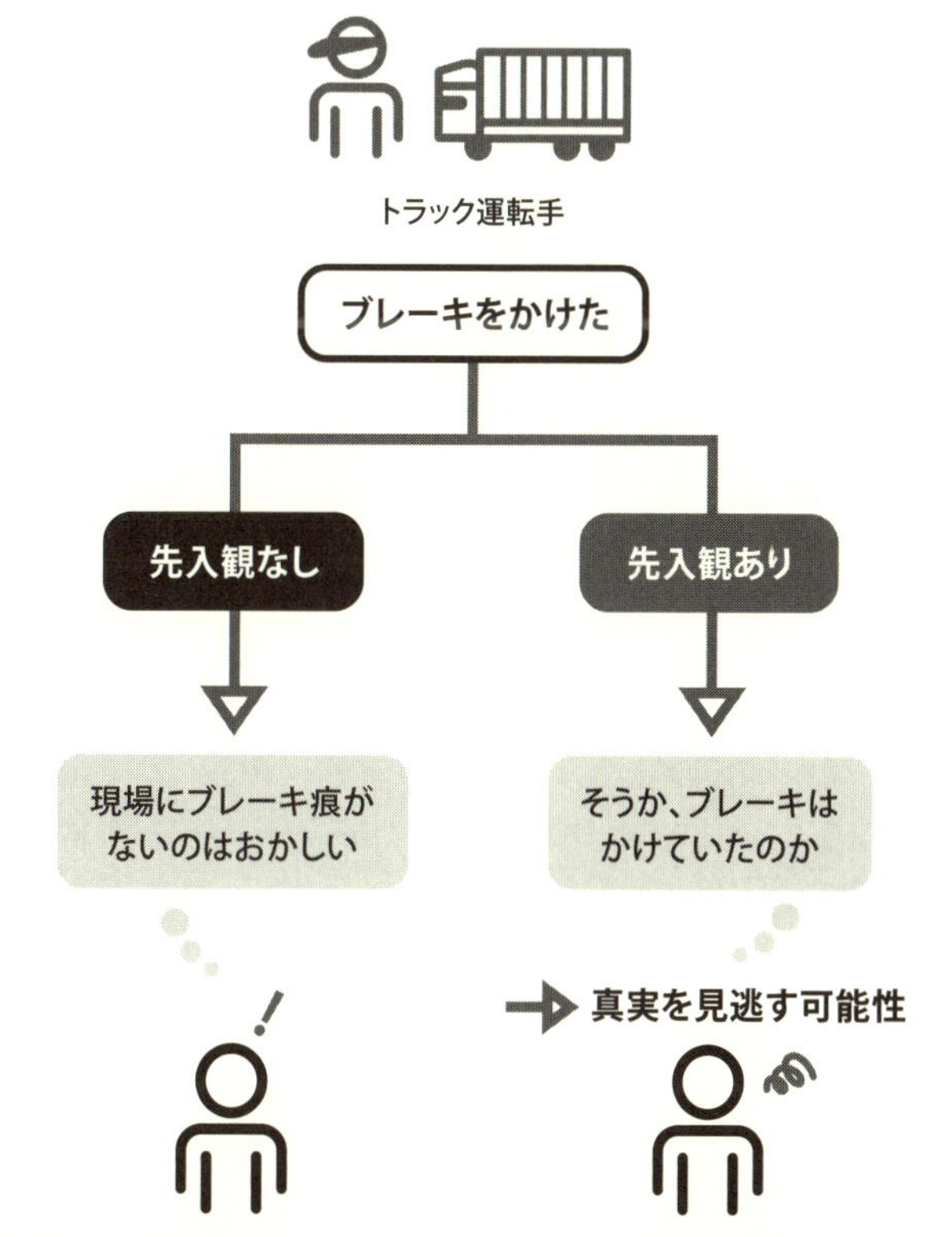
トラック運転手
ブレーキをかけた
先入観なし
先入観あり
現場にブレーキ痕がないのはおかしい
そうか、ブレーキはかけていたのか
真実を見逃す可能性

14のまとめ

「察知力」の邪魔になる先入観を捨てる

15 「想像力」で相手の立場になりきる

先を見通すには**「想像力」**、つまりストーリーに入り込む力も重要です。つまり、相手の立場になって追体験してみる力です。

先ほどの交通事故の案件の例でいえば、加害者のトラック運転手は「ブレーキをかけた」と供述しているのに、ブレーキ痕が現場にはなかったとしましょう。

そして、供述調書には、夕方6時ころ会社を出て、取引先に荷物を届けるところだったと書かれているとします。このとき、トラック運転手の立場になって考えてみます。そうすると、次のようなストーリーを描くことができます。

「罪を軽くしてもらいたいから、ブレーキをかけたと嘘の供述をしたのかもしれない」

「歩行者を確認せずにブレーキを踏まなかったということは、急いでいたのかもしれない」

「終業時間が近く、早く終わらせたいために急いでいたかもしれない」

このストーリーにもとづいて仮説を立てれば、加害者の過失は重くなり、被害者側が有利に裁判を展開できる可能性が出てきます。

想像力を駆使して相手の立場になることは、弁護士の仕事では頻繁に行なわれています。

まずは、依頼者の相談を受けるときは、話を聞いて正確に事実を把握すると同時に、依頼者の立場になって事件を眺め、ニーズをつかみ、依頼者が何を求めているか、この問題をどのようにとらえているかを想像します。

次に、依頼者と裁判で争う相手の立場になって考えてみます。

相手は何を求めているのか、問題をどのようにとらえているのか、どのような感情を抱えているのか。このように相手の立場になってストーリーに入り込んでみると、依頼者からの話からはわからなかったことも見えることがあります。

最後に、裁判官の立場にもなります。こちらの主張をしたときに、裁判官はどんな印象をもち、どんな判断を下すだろうか。こちらに有利な判決を引き出すためには、どのように主張すればよいだろうか。

このように3者の立場になると、裁判の全体像が見えて、よい解決法が見つかります。

ビジネスも同様です。自分が売りたいものを、売りたいタイミングで売ろうとする、ではダメです。顧客が買いたいものを、買いたいタイミングで売るのです。

たとえば、自動車の営業マンが車の買い替えをすすめるときは、やみくもにお願いするより、顧客が「そろそろ買い替えるか」と思うタイミングで提案すると効果的でしょう。

このとき、相手の立場になれば、

「もうすぐ冬のボーナスの時期だから資金的に余裕があるかもしれない」

「車検間近だと、買い替えに対するハードルが下がるかもしれない」

「2人目の子どもが産まれたから、これまでの軽自動車ではなく、家族全員で乗っても広々としているワンボックスカーに買い替えたいと思っているかもしれない」

などとストーリーを描くことができます。

誰しも、ついつい自分中心で物事を考え、自分に都合のよいストーリーを思い描いてしまう傾向があります。しかし、相手の立場になってストーリーを組み立ててみることによって、思わぬ解決策やアイデアなどの発見をすることも少なくないのです。

交通事故の事例から学ぶ「想像力」

トラック運転手の立場になって考えてみる

- 罪を軽くしてもらいたいから、うその供述をしたのかもしれない
- 急いでいたかもしれない
- 早く終わらせたかったのかもしれない

15のまとめ

常に相手の立場になって考える癖をつける

16 「仮説力」で問題を解決する

物事を観察し、何かを察知し、ストーリーを立てて想像力を働かせていくと、問題点が明らかになります。

ここでまた、先の交通事故の案件で考えてみましょう。

加害者のトラック運転手は「ブレーキをかけた」と供述しているのに、現場にはブレーキ痕がなかったことが明らかになったとします。

すると、「なぜブレーキ痕がないのか?」という疑問がわき上がってくるはずです。これが、この案件における問題点のひとつです。

問題点を発見したら、次に「仮説」をぶつけます。

仮説とは、「この問題点に対する結論はこうだろう」という仮定の結論のことで、これを検証し、論理的に矛盾がないことがわかれば、その仮説は正しいだろうと考えられます。

交通事故のケースでは、たとえば、次のような仮説を立てることができます。
「前にいた4トントラックの陰に隠れて、被害者の姿に気づかなかったのではないか」
「歩行者用の青信号が点滅していたので、被害者があわてて飛び出してきてしまい、そのためブレーキを踏む間もなく衝突してしまったのではないか」
「加害者の運転手は、取引先に荷物を運ぶために急いでいて、歩行者に対する注意が散漫になっていたのではないか」

仮説を立てるうえで大切なのは、考えられるかぎりの複数の仮説をピックアップするということです。いわゆるブレーンストーミングで、考えうるかぎりのストーリーをできるだけ洗い出すのです。そして、それらすべてを検証したうえで、最後に残った仮説がいちばん正しいだろうと考えるのです。

ひとつだけの仮説に縛られてしまうと、どうしても視野や思考の幅が狭くなって、冷静で正しい判断ができなくなる恐れがあります。私も含めて弁護士の多くは、事件や問題の解決を目指すときは、必ずいくつかの仮説を立てて検証していきます。

優秀な弁護士ほど、たくさんの仮説を立てて真実に近づいていくのです。

ビジネスにおいても、仮説を立てられるかどうかは、仕事の成果に直結します。

たとえば、ビールの売上が落ち込んでいる飲料メーカーが、「ビールの売上を伸ばすにはどうしたらいいか」という課題を抱えているとしましょう。これは問題の発見です。

この問題提起に対しては、次のような仮説が立てられるかもしれません。

「若者に人気のあるタレントをCMに起用して、ビールを飲むのがオシャレだというイメージをつくり出すことにより、若者にビールのブームを起こさせるのはどうだろうか」

「ツイッターやフェイスブックなどのソーシャルネットワークサービスで参加型キャンペーンを取り入れることにより、口コミを起こすのはどうだろうか」

「アルコールを飲めない人向けに、のどごしがビールそっくりだけれども、味はビールほど苦くないノンアルコールビールを開発することにより、新たな需要を掘り起こしてはどうだろうか」

できるだけ多くの仮説を立て、検証することによってビジネスも成功に近づきます。

直感やセンスもヒットを生む大事な要素ではありますが、それだけでは成功の確度は高まりません。多くの仮説を立て、検証をするという地道な作業を経ることによって、はじめて直感やセンスも生きてくるのです。

交通事故の事例から学ぶ「仮説力」

仮説A

前にいた4トントラックの陰に隠れて、被害者の姿に気づかなかったのかも

仮説B

歩行者用の青信号が点滅していて、歩行者があわてて飛び出してきたから、ブレーキを踏む間もなく衝突した

仮説C

加害者の運転手は取引先に荷物を運ぶために急いでいて、歩行者に対する注意を怠っていた

16のまとめ

できるだけ多くの仮説を立てる

17 「論理力」を駆使して仮説を検証する

問題点に対して、いくつかの仮説を立てたら、それぞれの仮説を検証し、もっとも正しいであろう仮説に絞り込みます。

仮説の検証をする際に必要となるのが**「論理力」**です。仮説が論理的に導き出せるかどうか。ここで論理的に矛盾が生じれば、その仮説は崩壊し、消去することになります。論理的に考えて仮説に矛盾が生じなければ、その仮説は正しい可能性が高いので、実行するかどうかの最終判断を下すことができます。一方、すべての仮説が論理的に正しくないことが判明した場合は、新たな仮説を立てなければいけません。

仮説を論理的に考えるうえで重要な要素となるのが、証拠です。仮説に関連する事柄をあらゆる角度から観察し、プラスの証拠、マイナスの証拠など、さまざまな証拠を収集します。仮説への道は、証拠でつなぐのです。

では、再度、交通事故の案件を例に考えてみましょう。

16で述べたように、仮説を3つ立てました。これらの仮説を検証するために、裁判書類だけではなく、加害者の知人や会社関係者証言、カメラの映像、目撃証言など、現場の証拠も集めます。表に見えているものだけでは、真相は見えてこないものです。

そして、集めた証拠にもとづいて3つの仮説を検証していきます。

「前にいた4トントラックの陰に隠れて被害者の姿に気づかなかったのではないか」

↓実際にトラックに乗って同じ状況を再現したが、物理的に被害者の姿が隠れてしまうことはあり得ない（論理的に正しくない）。

「歩行者用の青信号が点滅していたので、被害者があわてて飛び出してきてしまい、そのためブレーキを踏む間もなく衝突してしまったのではないか」

↓目撃者の証言によると、衝突時は青信号だった（論理的に正しくない）。

「加害者の運転手は、取引先に荷物を運ぶために急いでいて、歩行者に対する注意が散漫になっていたのではないか」
↓取引先の証言によると、事故発生時刻の10分後に荷物が届く予定だった。また、加害者の知人の証言によると、運転手は急いでいるときに、普段からスピードを出すことがあった。会社関係者の証言によると、行き先は重要な取引先であり、時間に遅れることはなんとしても避けたかった（論理的に矛盾しない）。

最後の仮説のように、急いでいたから注意が散漫になり、ブレーキを踏めずに衝突してしまったことが論理的に証明できれば、加害者の「ブレーキを踏んだ」という証言を覆す突破口となり、被害者の過失相殺の割合を低くすることができます。

実際に事故を起こしてしまった加害者が、自分の保身のために、自分に有利な証言をすることは少なくありません。

しかし、こうした仮説力と論理力を駆使することによって、加害者の証言を覆し、被害者にとって有利な判決を勝ち取ることもできるのです。

問題の核心に迫るには、まず複数の仮説を立てて、論理で絞り込んでいく（仮説を消去する）ことが重要です。こうした手法は、ビジネスにおいても応用できるでしょう。

交通事故の事例から学ぶ「論理力」

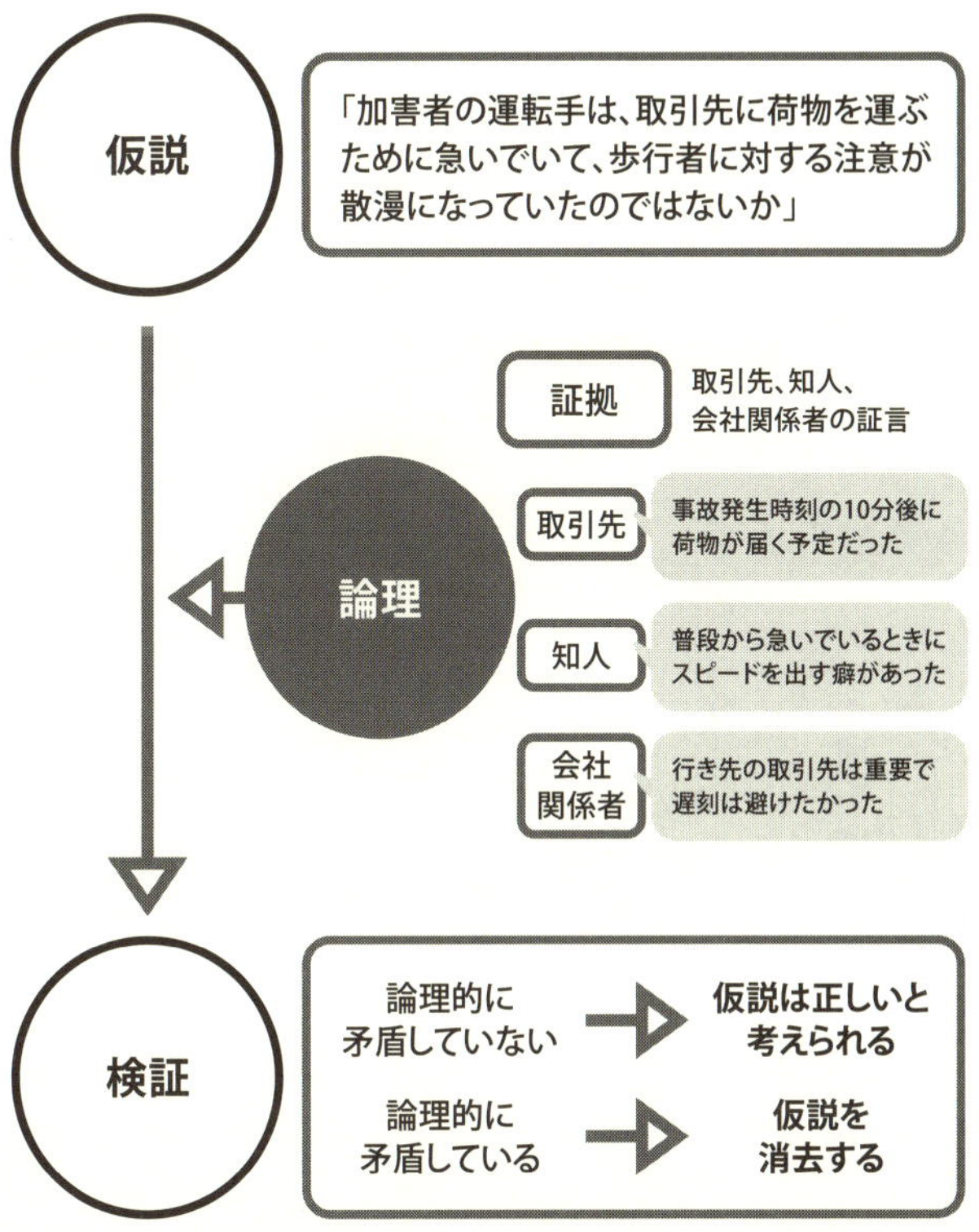
仮説
「加害者の運転手は、取引先に荷物を運ぶために急いでいて、歩行者に対する注意が散漫になっていたのではないか」
証拠
取引先、知人、会社関係者の証言
論理
取引先
事故発生時刻の10分後に荷物が届く予定だった
知人
普段から急いでいるときにスピードを出す癖があった
会社関係者
行き先の取引先は重要で遅刻は避けたかった
検証
論理的に矛盾していない
仮説は正しいと考えられる
論理的に矛盾している
仮説を消去する

17のまとめ

仮説と証拠を論理で結ぶ

18 最後は「直感力」に従って答えを出す

仮説と証拠の間に矛盾がなく、論理的にも仮説は正しいと考えられる。このような状態にたどりついたら、あとは答えを出し、判断するだけです。

ただ、ここで実際に進めるかどうかは、最終的には**「直感」**に頼ることになります。

人間はコンピューターではありません。最終的な判断を下すのは人間の脳です。

データや論理だけで最善の判決が下せるのであれば、コンピューターに任せてしまえばよいですが、現実的にはコンピューターは計算や分析のツールとしては役立ちますが、最終的な判断はできないのです。

ただし、誤解してほしくないのは、最終的に直感で判断するには、仮説を補足する証拠の裏づけがとれていて、論理的に矛盾がないことが前提となります。

仮説を論理的に検証することなく、裁判官は判決を下しませんし、ビジネスにおいて直感力を働かせる場合にも、論理的に実証されていなければなりません。論理的な裏づけがない段階で行う直感は、根拠のないヤマカンでしかありません。

直感をあなどってはいけません。人間の直感はスーパーコンピューターでもまねできない高度な働きをします。

自らの素直な直感に従うときは、よい結果に結びつきやすいといえます。右脳（直感）と左脳（論理）を両方とも使うほうが、より正しい正解に近づけるといえるでしょう。


私も裁判で、最終的に直感に頼るケースがあります。以前、こんなことがありました。ある裁判が和解交渉になり、私が弁護するクライアントが損害賠償額をいくら払うかが争点となりました。こちらは900万円、相手は1200万円を主張していました。いよいよ和解交渉も最終段階。ここで、こちらが提示した額が受け入れられなければ、交渉決裂となり、判決に持ち込まれる状況でした。

こちらとしては、1000万円か1100万円のどちらを提示するかの選択を迫られていました。できれば、1000万円で決着させたいのですが、相手に拒否されれば、不利な判決が出る可能性もありました。

論理的に考えても、この段階では、どちらに転んでもおかしくない。もはや直感に頼るしかありません。結局、私は1000万円を提示し、結果的に和解交渉が成立しました。

1100万円を提示しても和解が成立したでしょう。しかし、1000万円を提示したことで、より有利な和解を成立させることができたのです。

まさに直感力が働いた瞬間です。私の経験からいっても、直観力に頼ったほうがはうまくいくケースが多いと思います。

プラス方向でもマイナス方向でも、自分の直感に耳を傾けることは重要です。論理的に正しいことが検証された仮説が「イケる！」と思えば、ためらうことなく突き進めばよいですし、一方、仮に論理的に正しいと考えられる仮説であっても、「なんだか嫌な予感がする」と思えば、もう一度、仮説を検証し直してみることも重要です。

ひとつ注意したいのは、**「直感」と「願望」を混同してはいけない**、ということです。「こうなるといいな」という気持ちが少しでも入ってしまうと、論理的な判断に狂いが生じてしまい、正しい行動をとれません。正しく直感力を働かせるためにも、自分の思考の中から「願望」を取り除く必要があります。

「直感力」のピラミッド

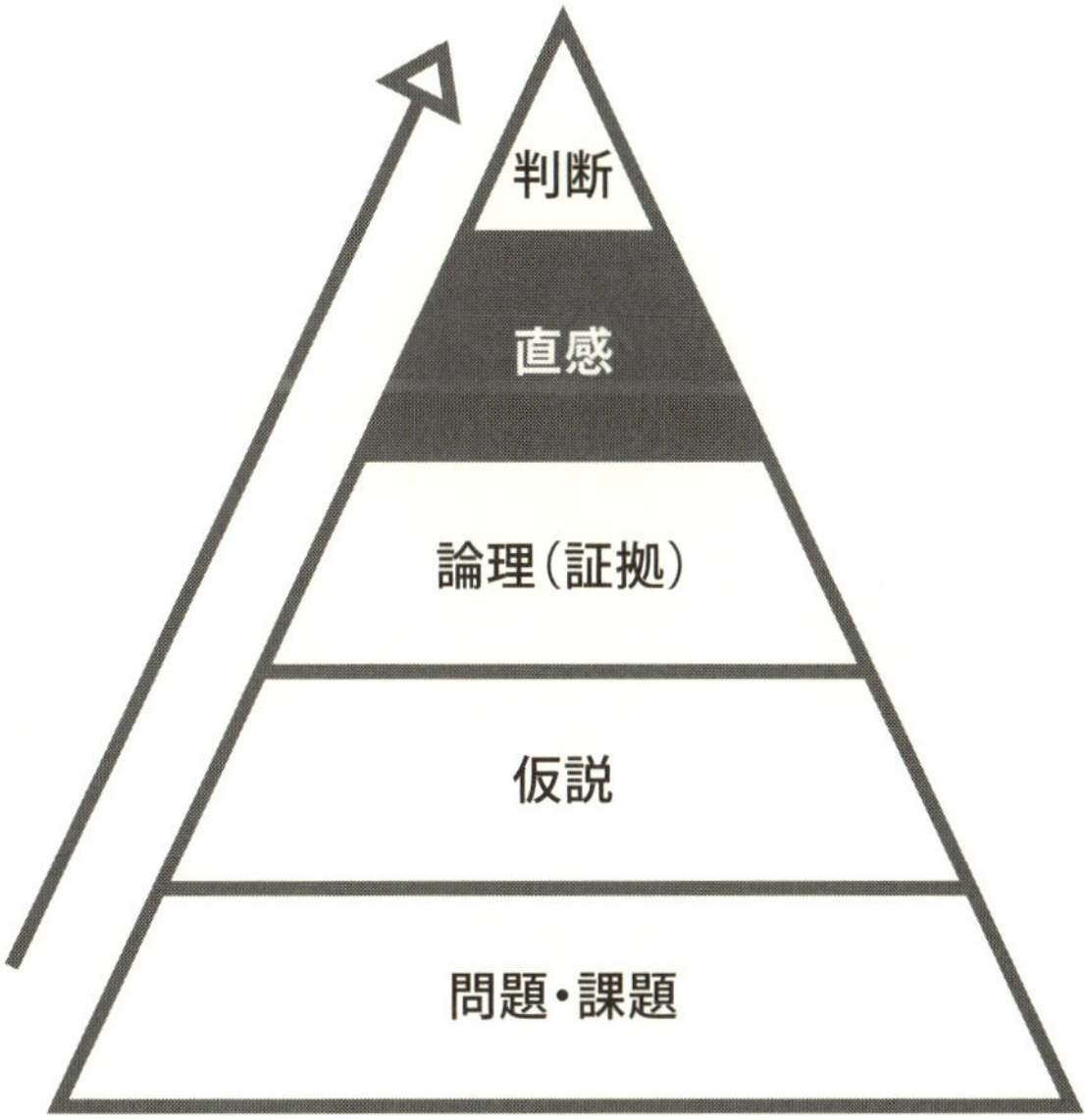

論理的な思考の土台があるから
「直感」で判断できる

18のまとめ

**最後は直感で決める。
ただし、願望は入れない**

19 先を見通すには「知識力」が必要不可欠

先見力を構成する最後の要素は、**「知識力」**です。ここでいう知識とは、一般常識や専門知識、経験、最新の情報などを含んだあらゆる知識のことです。

知識力は、ここまでの6つの力を補完する存在だといえるでしょう。

交通ルールや自動車のしくみを知らなければ、交通事故の案件において仮説を立てることはできません。防犯カメラを設置する店舗や家が増えているという知識がなければ、「防犯カメラに事故現場が映っているかもしれない」という発想も生まれません。また、タクシーなどに設置されているドライブレコーダーの存在を知らなければ、有力な証拠を見逃すことになってしまいます。

また、知識が乏しいと、気づきが少なくなります。

いかなる画期的なアイデアも、自分の知っている情報や経験を組み合わせたものでしかありません。気づきが少なくなれば、観察力や察知力、想像力も当然、落ちていきます。

さらに、直感力も知識や経験の積み重ねによって精度が上がっていくものなので、知識力が不足していると、直感も働きにくくなります。

ビジネスでも同じことがいえます。先見力を駆使して、新しいプロジェクトの企画を立てようと思っても、デスクに座ってウンウンうなっていても、なかなかいいアイデアは生まれてきません。

最近では、インターネットで検索をかければちょっとした知識であれば、すぐに調べることができます。たしかに、言葉の意味を調べたり、事実を確認したりする程度であれば、とても役立つツールです。

しかし、インターネットの情報だけでは、本当の意味での知識とはなりません。新聞やテレビと同じように、インターネットの情報は誰もが手に入れられる情報です。もちろん、こうした情報を知っていても損になることはありませんが、先見力にすぐれている人は、さらにもう一歩踏み込んだオリジナルの知識を収集しているものです。

私も含めて弁護士の多くは、ひとつの情報源だけに頼るということはしません。

なぜなら、その知識や情報が間違っていたら、依頼者の人生を左右する裁判の場で、とんでもない失敗をしでかしてしまう恐れもあるからです。

ですから、できるかぎり複数の情報源にあたり、知識の精度を高めていくのです。もしも自分でわからない知識などは、くわしい人に聞いてしまう、というのも効果的な知識の蓄え方だといえるでしょう。

また、**オリジナルの知識を身につけている人は、他人の話をよく聞きます**。

弁護士の中には、依頼者の話を最後まで聞かずに独善的に判断してしまうタイプもいます。しかし、話をよく聞くことによって、解決につながるような気づきを得られるケースも少なくありません。

最後に、現場から知識を得るという姿勢も大切です。私は交通事故の現場を訪れることがありますが、そこではじめて得る知識や気づきも少なくありません。

ビジネスアイデアを考えるときも、積極的にターゲットとするお客さまがいる現場に足を運びましょう。現場で見て、聞いた知識から、ブレークスルーするようなアイデアが生まれるのではないでしょうか。

「知識力」は６つの力を補完するもの

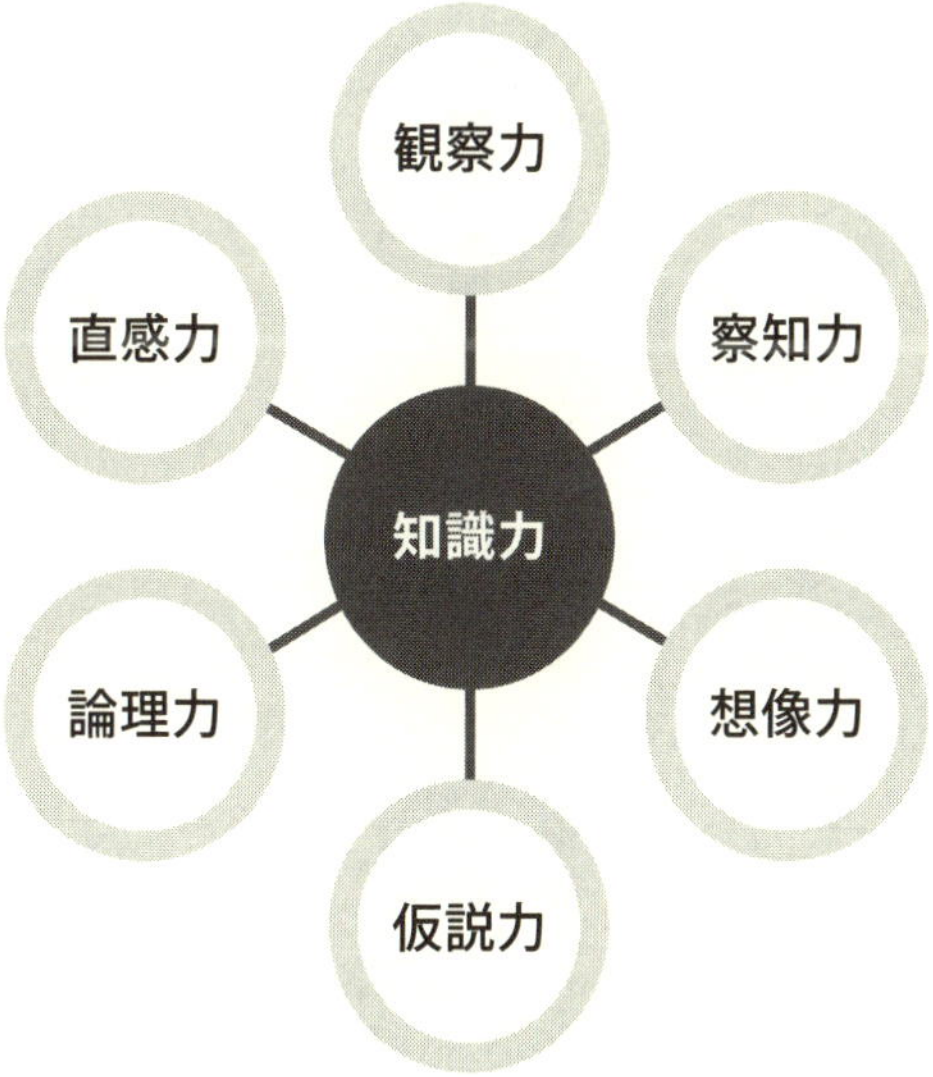

知識力が不足すると、
他の６つの力の精度が下がる

19のまとめ

複数の情報源からあらゆる知識を得る

20

「最悪の事態」に対処する方法

「売上を拡大する」「新規顧客を獲得する」「プロジェクトを成功させる」など、よい結果を求めて、先読みをするケースは多いと思います。しかし、このときに必ず同時に行ってほしいのは、**「最悪の事態」を想定する**、ということです。

私が依頼者の相談を受けたときには、必ず「最悪の事態」を想定します。なぜなら、もしも裁判で負ければ、依頼者は大きな損害を被りますし、これからの人生に少なからず影響を与えてしまうことになるからです。

たとえば、電車内で痴漢の被害を受けた女性が、裁判を通して真実を明らかにしたいと思っていたとします。

しかし、どんなに女性の意思が固くても、どんなにこちらにとって有利な仮説が立てられたとしても、やはり「最悪の事態」について考えておかなければなりません。

先見力

GOAL!
20
19
18
17
16
15
14
13
12
11

なぜなら、いったん裁判がはじまると、引き返せなくなる場合があるからです。

裁判を通じて、多くの他人の前で被害の告白をしたり、容疑者を見ることで経験がフラッシュバックするなど、被害者が精神的な苦痛を受けることにもなります。

さらには、目撃証言がないなどで立証が難しい場合には、痴漢の事実を証明できない可能性もあります。そうなれば、示談で慰謝料をとることすらできない危険性があります。

ですから、裁判をする前には、依頼者と次の3つについて話し合います。

①最悪の場合、どうなるか?
②最悪の結果に対処する方法はあるか?
③最悪の結果になっても進むべきか?

最悪の結果に対処する方法があれば、もしも最悪の方向に事が進んでいるときでも、パニックにならずに対応することができます。

もしも最悪の結果に対処する方法を検討しないままに裁判を進めてしまうと、悪い方向に向かったときに、よい対応ができなくなる危険性があります。

最悪の結果を想定し、それに対処する方法を検討したら、最悪の結果になっても進むべきかどうかを判断します。

最悪の事態を避けたいのであれば、裁判で戦うのを避けて示談交渉をするのも選択肢のひとつです。一方、最悪の事態を理解したうえで、裁判で戦うということを決定したら、あとは迷うことなく、全力で被害者の利益を得ることに注力することができます。


仕事においても、最悪の事態を想定するのは大切なことです。

たとえば、新商品を市場に投入するプロジェクトについて検討するケースを考えてみましょう。仮説どおりに物事が進めば、30億円の売上が見込めます。

しかし、同業他社が同じような商品をぶつけてくる可能性や、そもそも消費者に受け入れられない恐れもあります。

もしもそうしたリスクが実際に起こったときに、どのくらいの損失になるか、検討しておく必要があります。そして、同時にそのリスクに対処する方法についても考えます。

そのうえで新商品を投入すべきと判断すれば、仮に最悪の状態に向かいはじめたときでも、最小限のリスクに抑えることができるのです。

先見力

GOAL!
20
19
18
17
16
15
14
13
12
11

ビジネスでは最悪の事態を想定しておく

新商品プロジェクト

①最悪の場合、どうなるか？

・ライバル企業が類似商品をぶつけてくる可能性がある
・×億円の損失を被る場合がある

②最悪の結果に対処する方法はあるか？

・ライバル企業との差別化を図る
・一層のコストダウンを図る

③最悪の結果になっても進むべきか？

・メリットとデメリットをてんびんにかけて判断する

進むと決めたら、全力で取り組む

・仮に、最悪の状態に向かいはじめても冷静に対処できる

20のまとめ

最悪の事態も想定しておく

第2章

先見力

先見力をつけるための、
左の10の項目のうち、
足りないものにチェックし、
その部分を読み直してみましょう！

Check! ✓

11	結果を出すために先見力を身につける	□
12	先見力は7つの力で身につける	□
13	できるだけ多くのものを「観察」する	□
14	「察知力」の邪魔になる先入観を捨てる	□
15	常に相手の立場になって考える癖をつける	□
16	できるだけ多くの仮説を立てる	□
17	仮説と証拠を論理で結ぶ	□
18	最後は直感で決める。ただし、願望は入れない	□
19	複数の情報源からあらゆる知識を得る	□
20	最悪の事態も想定しておく	□

第3章

自分の力を何倍にもする「相手力」

21 常に「相手ワールド」で考える

弁護士の世界でもビジネスの世界でも、相手の立場になって物事を見たり、判断したりできるかどうかが、そのあとの成果を左右します。

しかし、人は、自分のことを世界でいちばん愛しています。したがって、どうしても自分の利益になること、自分の好きなことを中心に物事を見たり、考えたりしてしまいます。

ところが、自分が自分自身を愛しているように、相手も自分自身のことをいちばん愛しています。これを頭に入れておかなければ、独りよがりのコミュニケーションになってしまいます。

たとえば、弁護士の中には、クライアントに対して独善的な態度をとる人もいます。

相談に来た依頼者の話を半分ほど聞いたところで、いかにも「法律の専門家である私に黙って任せておけばいい」という態度で「もう話はわかりました。あとは私に任せてください」と言って、話をさえぎってしまいます。ひどい場合は、その後の進展の報告などもせずに、独りで勝手に手続きを進めてしまう人もいます。

少々、おおげさに感じるかもしれませんが、これに似た態度をとっている弁護士は、意外と少なくありません。依頼者にとっては、気分がよくないのは当然です。

こうした弁護士の場合は、自分のことしか考えておらず、依頼者の感情をまったく無視しているといわざるを得ません。

依頼者の多くは、裁判になったり、弁護士に相談したりといった事態は、一生に何度もあることではありません。最初で最後の機会かもしれません。さらには、トラブルや問題を抱えて、心理的にも不安によるストレスを感じているでしょう。

そんな心理状態である依頼者の立場になってみれば、独善的な態度をとる弁護士に対して、**「この弁護士は大丈夫だろうか」「自分の抱えている問題をよく聞いて、理解してほしい」**と思っているに違いありません。

にもかかわらず、話も十分聞くことなく、「私に黙って任せておけば大丈夫」と言われてしまったら、さらに不安になってしまうことでしょう。

私の場合は、はじめてのクライアントの相談を受けるときは、まずは相手の話や言い分をしっかりと聞きます。そして、相手の言いたいこと、考えていることを積極的に知ろうと心がけます。そうすることで、相手は「自分は理解してもらえている」「この弁護士なら信頼して任せても大丈夫そうだ」という気持ちになっていくと思います。

こうした感情を抱いてもらったうえで、裁判やトラブルが無事に決着すれば、また何かがあったときにリピーターになってくれるかもしれませんし、知り合いに紹介してくれる可能性も出てくるでしょう。

しかし、先ほどの独善的な弁護士の場合は、こうした仕事の拡大は見込めないでしょう。

ビジネスでも、他人の立場になって考えたり、行動したりすることが大切です。

自分と同じように他人を愛することは、とても難しいでしょう。しかし、他人を愛することはできなくても、他人の立場になって、感情を理解する努力をすることはできます。

自動車王ヘンリー・フォードは、言っています。「成功に秘訣というものがあるとすれば、それは、他人の立場を理解し、自分の立場と同時に、他人の立場からも物事を見ることのできる能力である」

「自分ワールド」ではなく、「相手ワールド」で考えることを習慣にしましょう。

「自分ワールド」と「相手ワールド」

■自分ワールドの営業マン

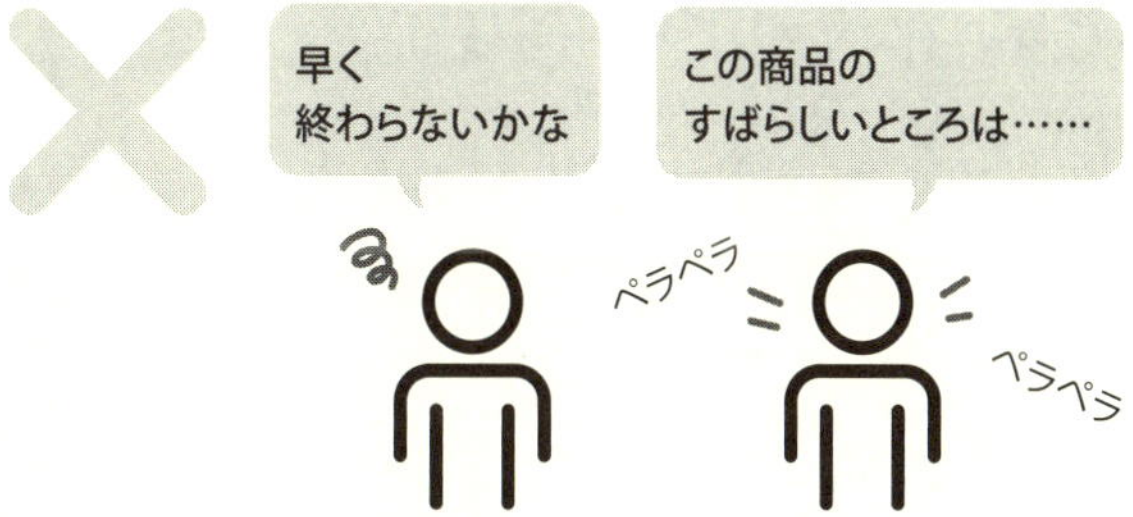
早く
終わらないかな
この商品の
すばらしいところは……
ペラペラ
ペラペラ

■相手ワールドの営業マン

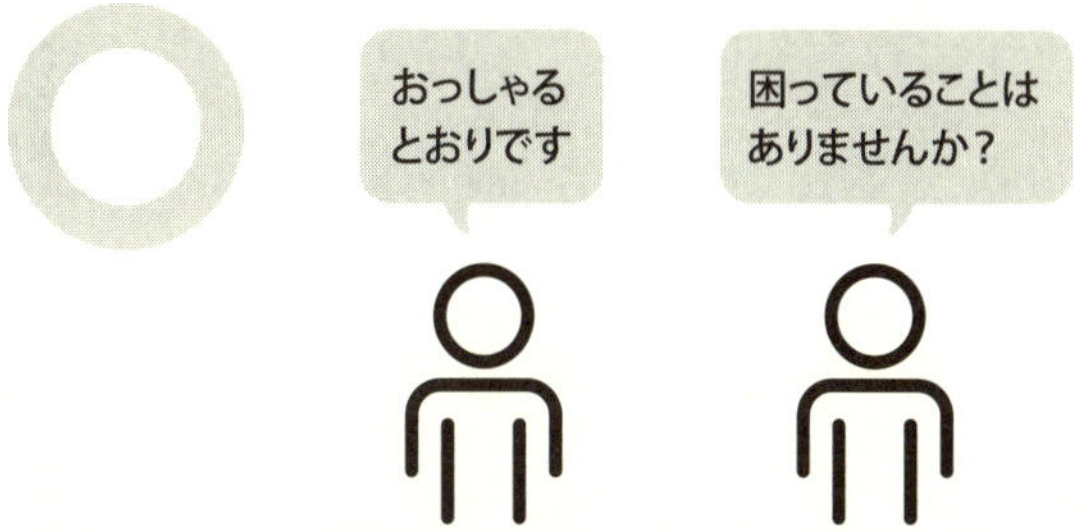
おっしゃる
とおりです
困っていることは
ありませんか？

21のまとめ　**物事は常に「相手ワールド」で考えよう**

22 絶対に相手の感情を無視しない

弁護士というのは、常に冷静な判断が求められます。ですから、仕事中は個人的な感情はできるだけ排除するようにしています。

ちなみに、ドラマなどでよくあるように、法廷などでは、声を荒げて主張したり、裁判官や裁判員の感情に訴えるような話し方をしたりすることもあります。しかし、あのような行為は、基本的には裁判を有利に進めるための演出の場合がほとんどです。

一方で、相談に来るクライアントの中には、怒りや悲しみによって、感情的になっている人もいます。事件や事故で傷ついたり、何かを失ったりしているのですから、感情がたかぶるのは当然といえば当然です。

たくさんの依頼人と触れ合ってきてわかったのは、**怒りや悲しみなどの感情に支配されている依頼者の相談を受ける際は、まずは、不満や怒りを鎮めることに注力しな**

ければならないことです。

相手の感情を鎮めるポイントは、話をよく聞くことと、共感を示すことです。

怒るのには、怒る理由があります。悲しんでいるのには、悲しむ理由があります。だから、たとえば、「あなたの立場だったら、お怒りになるのは当然です」というように相手の感情に共感してあげるのです。

多くの場合、こうすることで理性で考えられる心理状態になります。相談内容の詳細を聞き出したり、今後の方針などを依頼者と決めたりするのは、相手に理性が戻ってからでなければなりません。感情に支配されたままでは、冷静な判断、行動はできないからです。

相手の「感情」に注目するのは、ビジネスでも重要なことです。

ほとんどの人は、「感情」を動かした後、「理性」で判断をします。たとえば、商品販売のシーンでは、「ある商品がほしい」という感情がはじめに起きてから、「もう少し安い値段の商品はないか」「こんな機能がついた別の商品はないか」などと理性でものを考えていくものです。ほしくもない商品の条件を先に考えることは、まずないでしょう。

「感情→理性」の順番を理解しておけば、お客さまに商品を営業する際にも、どうすればよいかが見えてきます。相手に「買いたい！」という気持ちになってもらうことを優先して、働きかければよいのです。

逆に、商品をほしいと思っていない段階で「お買い求めいただきやすい価格になっています」「分割払いでも大丈夫です」と力説しても、販売にはなかなかつながりません。

お客さまのクレームを受けた場合も、「感情→理性」の心の流れを知っておけば、適切な対処がとれます。

怒りの感情で支配されているお客さまに、「商品を交換させていただきます」「商品の改善をさせていただきます」と説明しても、なかなか怒りは収まらないでしょう。

まずは、怒りを鎮めるために、お客さまの言い分を聞き、共感を示す必要があります。そのうえで、迷惑をかけてしまったことを誠心誠意、謝罪すれば、しだいに怒りの感情が収まり、冷静な判断のもとで、話し合うことができます。

相手の「感情」を常に気にかけるようにすれば、交渉や販売などをうまく進めることができるでしょう。

ビジネスでは「感情→理性」を心がける

	感情	理性
お客さまに営業するとき	「買いたい!」という気持ちにさせるのを優先	価格や条件を提示する
お客さまからクレームを受けたとき	言い分を聞き、共感を示す 誠心誠意、謝罪する	対応策や改善策を提示する

22のまとめ

人は「感情→理性」の順で決断に向かう

23 質問で状況をコントロールする

仕事を効率的に進めるためには、部下など、他の人に仕事を任せることが重要です。自分一人でやれることには限界があります。生産的な仕事をしている人は、いい意味で他人にうまくお願いしているものです。

ところが、部下が自分の思うように動かずに、腹を立ててしまう人もいます。このような言葉を部下に言い放っている人はいないでしょうか。

「何やっているんだ！　ちゃんと自分の頭で考えて動け！」

「全然わかっていないじゃないか！　わからなければ俺に聞けよ！」

このような言動をしたら、部下は萎縮したり、反発したりしてしまうでしょう。しかも、相手のせいにすることで、判断を委ねてしまうので「状況をコントロールする権利」を相手に預けてしまうことになります。

相手力
GOAL!
30
29
28
27
26
25
24
23
22
21

「状況をコントロールする権利」は自分がもっていなければいけません。

相手にコントロールする権利を渡してしまうと、相手が変わってくれなければ、状況は変わらないということになり、いつまでたっても問題が解決しない危険性があります。

自分の人生や仕事をコントロールする権利は自分でもっていなければいけません。自分が変われば、状況を変えることができるからです。つまり、「相手が悪い」と責めるのではなく、「自分はどうすればよいか」と自問自答をすることが大切です。

先の例のように、部下が自分の思うように動いてくれない場合も、自分でコントロールできる状況を確保して対処する必要があります。

このとき、効力を発揮するのが「質問」です。たとえば、部下に頼んでいた提案書の出来がいまいちだったとしましょう。そのとき、

「顧客がこの提案書を読んで『ぜひ当社に導入したい』と感じてもらうには、どこをもっと強調したらよいだろうか？」

と部下に質問を投げかけるのです。

質問に対する答えを聞けば、部下が自分の指示を誤解していたのか、理解が不足していたのか、それとも部下の能力が足りないせいなのかがわかります。

もしも指示に対して誤解をしていたり、理解が足りなかった場合は、もう一度、正確に指示を伝えてやり直してもらえば、問題は解決します。

また、指示を理解していたのにできなかった場合は、能力の問題になります。能力が不足しているのであれば、根気強く教育するか、もっと簡単な仕事をやってもらいます。

反対に、部下の立場では上司に質問することで、すれ違いを防ぐことが可能です。

たとえば、上司がとんちんかんな指示を出してきたうえに、「私が求めているものと違う」と言ってきた場合はどうすればよいでしょうか。

後になって「部長の指示がいまいちわかりませんでした。もう一度説明してくれませんか」と言うようでは、自分で状況をコントロールする権利を放棄することになります。

このようなときは、自分が上司のニーズを十分理解しているかどうか、確認するため、**指示を受けた直後に「部長が言われたのは、これでよろしいでしょうか？」と指示の内容を自分から確認することです**。こうすれば、コミュニケーションのすれ違いを防ぐことができ、仕事上のミスも事前に食い止めることができます。

このように質問を使ったコミュニケーションをすれば、自分で人間関係をコントロールできますし、仕事の生産性も高まります。

状況をコントロールする権利を捨てない

■「状況をコントロールする権利」を放棄する発言

ちゃんと自分の
頭で考えて動け!
全然わかって
いないじゃないか!

相手が変わらなければ状況は変わらない

■「状況をコントロールする権利」を確保する質問

どうしたら
いいと思う?
これでよろしい
でしょうか?

自分で問題解決や人間関係の維持が可能

23のまとめ

**状況をコントロールする権利を
常に自分が持っておこう**

24 常にボールは相手に投げてしまう

私は、通常の弁護士業務のほか、事務所の経営者の仕事、書籍の執筆、テレビ出演などもしています。そのうえ、ブログやメルマガ、ツイッターやフェイスブックなどで頻繁に情報発信をしています。

そのため、知り合いからは、「よくそんなにたくさんの仕事をこなせるね」と不思議がられることがあります。第2章でも述べたとおり、やるべきことをすぐに片づけるように行動することも秘訣のひとつですが、もうひとつ意識して心がけていることがあります。

それは、自分の手元にある仕事は、すぐに相手に返してしまうことです。

仕事をしていれば、日々、仕事という名の「ボール」をまわりの人が投げてきます。返信が必要なメールや、部下に頼んでいた書類のチェック、判断や決裁が必要な案件などなど、放っておくとどんどん仕事のボールでいっぱいになってしまいます。

私は、相手に返す必要のある仕事は、どんどん返してしまうようにしています。じっくりと考えなければいけない案件などは別ですが、短時間の作業で相手に返すことのできる仕事は、自分の手元に置いておいても、いたずらに時間を浪費するだけです。

相手の力が必要な仕事は、相手にボールを返してしまえば、手持ちの仕事はどんどん減っていきます。ボールが再び返ってくるまでは、その仕事を放っておくことができます。

何より、自分のところで仕事をストップさせておくと、常に「あれをやらなくては」というプレッシャーがかかるので、心理的にも穏やかではありません。

ところが、多くの人は締め切りギリギリまで仕事を抱えてしまい、期限前にあわてて相手にボールを返します。これでは、仕事はスピードアップしませんし、効率も生産性も落ちてしまいます。

私の場合は、返信が必要なメールは、ちょっとしたすきま時間を見つけて、どんどん返信してしまいます。

「少し考えてから後で返そう」などと後回しにしてしまうと、どんどん新しいメールが入ってくるので、それらのメールに埋もれて、返信し忘れる恐れもあります。熟考が必要なメールについては、いったん別のフォルダに入れておき、しっかりと時間を確保してから返信すればよいでしょう。

また、**「今は本格的に取りかかることはできないけれど、将来的に必要になる」という性格の仕事も、相手に投げてしまうとよいでしょう。**

私の場合は、書籍の原稿の執筆などが、この手の性格をもった仕事です。

こちらにボールがあるときは、教えてほしいことや確認事項などを質問の形にして、編集者に投げてしまいます。「全体の構成は、どのようにすればよいですか？」「刊行までのスケジュールをくわしく教えてください」という感じです。

こうした仕事は、回答が来てからとりかかればよいでしょう。

あなたが部下の場合も、基本的には、どんどん相手に返せる仕事はどんどん返してしまいましょう。とくに、業務連絡や日程調整のメール、日報などの定例の提出物、直接仕事に関係のない書類などは、すぐに相手に渡してしまいましょう。

ただし、企画書やプレゼン資料など、書類の出来自体が評価の対象になるような仕事は、締め切りの何日も前に提出するのは避けるべきでしょう。期限ギリギリまでブラッシュアップを心がけたほうがいいものができます。

「仕事（ボール）」をため込む人、すぐに返す人

■仕事（ボール）をため込む人

・期限ギリギリになりあわてる
・効率・生産性が落ちる
・仕事のモレが発生する

■仕事（ボール）をすぐ返す人

・手持ちの仕事がどんどん減る
・仕事の質とスピードが上がる
・心理的なプレッシャーが減る

24のまとめ　**ボールは常にすぐに相手に返そう**

25

相手の期待を超えた仕事をする

弁護士の中には、報酬の多寡を基準にして仕事をする人がいます。具体的には、依頼者から仕事を受けたときに、「30万円の報酬だから、これくらいやれば十分だろう」と自分の価値基準で判断してしまうのです。

しかし、こうした弁護士は同じクライアントから再び依頼を受けたり、他のクライアントを紹介されたりすることは、ほとんどないと言っていいでしょう。

なぜなら、「このくらいで十分だろう」と思ったときの「このくらい」という基準は、相手から見ると「足りない」と感じることが多いからです。

たとえば、若手社員が「自分の給料は安い。もっともらってもいいはずだ」などと不満を言ったとしましょう。

本人は、本気でそう思っているのかもしれません。しかし、仕事と給料が見合っているかどうかは、あくまでも自分の基準にすぎません。

実際には、その逆で、社長から見れば、「こんなに給料を払っているのだから、もっとがんばってもらわなければ困る」という評価である場合が多いのです。

若手社員は、社長の基準ではなく、自分の基準でしかものを考えていないから、こうした不満を抱えることになるのです。これも「自分ワールド」から抜け出せない例です。

では、どうすれば、相手に満足してもらえるのでしょうか。それには、**「相手は自分の提供する以上のことを求める」という前提に立つ**ことです。

たとえば、あなたが「80%くらいの力を出せばよいだろう」と考えてやった仕事は、相手には、70%、60%の仕事に見えるのです。すると、相手は「なんだ、この程度か」と感じてしまうので、次からは、それに見合った仕事しか頼まれないようになってしまいます。

つまり、手を抜くことによって、自分の器をどんどん小さくしてしまうのです。

自分の器を広げたければ、相手が期待する以上の仕事をすることです。自分の基準で120%の仕事をすれば、たとえ相手に110%の仕事に見えても、相手の期待を超えた仕事になります。わずかであっても、自分の期待を超える仕事をしてもらうと、人は感動するものです。

相手の期待以上の仕事をすれば、相手は次回、その器の大きさに見合った仕事、つまりより大きくて重要な仕事を依頼してくれます。**相手の期待を上回る仕事をしていくことによって、自分の器が広がり、成長していくことができるのです。**

たとえば、私が事務所の弁護士に裁判の書類の作成を頼んだとします。このときに、何百件も案件を管理する私の立場を考えて、書類のほかにポイントを整理したメモをつけてくれたとしたら、それは私の期待を超えた仕事といえます。このように付加価値のある仕事ができる人には、もっと難解な事件、重要な事件を任せようという気になります。

一方、調べるべき判例を調べていない、証拠を読み込んでいないといった基本的なミスがある書類を作成してきた弁護士の仕事は、私の期待以下といえます。こうした弁護士には、残念ながら重要な仕事を任せられません。

上司に仕事を頼まれたときは、付加価値をつけて、上司の期待を上回らなければなりません。これを続けていくと、まわりから評価され、自分の成長にもつながっていきます。

相手の期待を上回る仕事をする

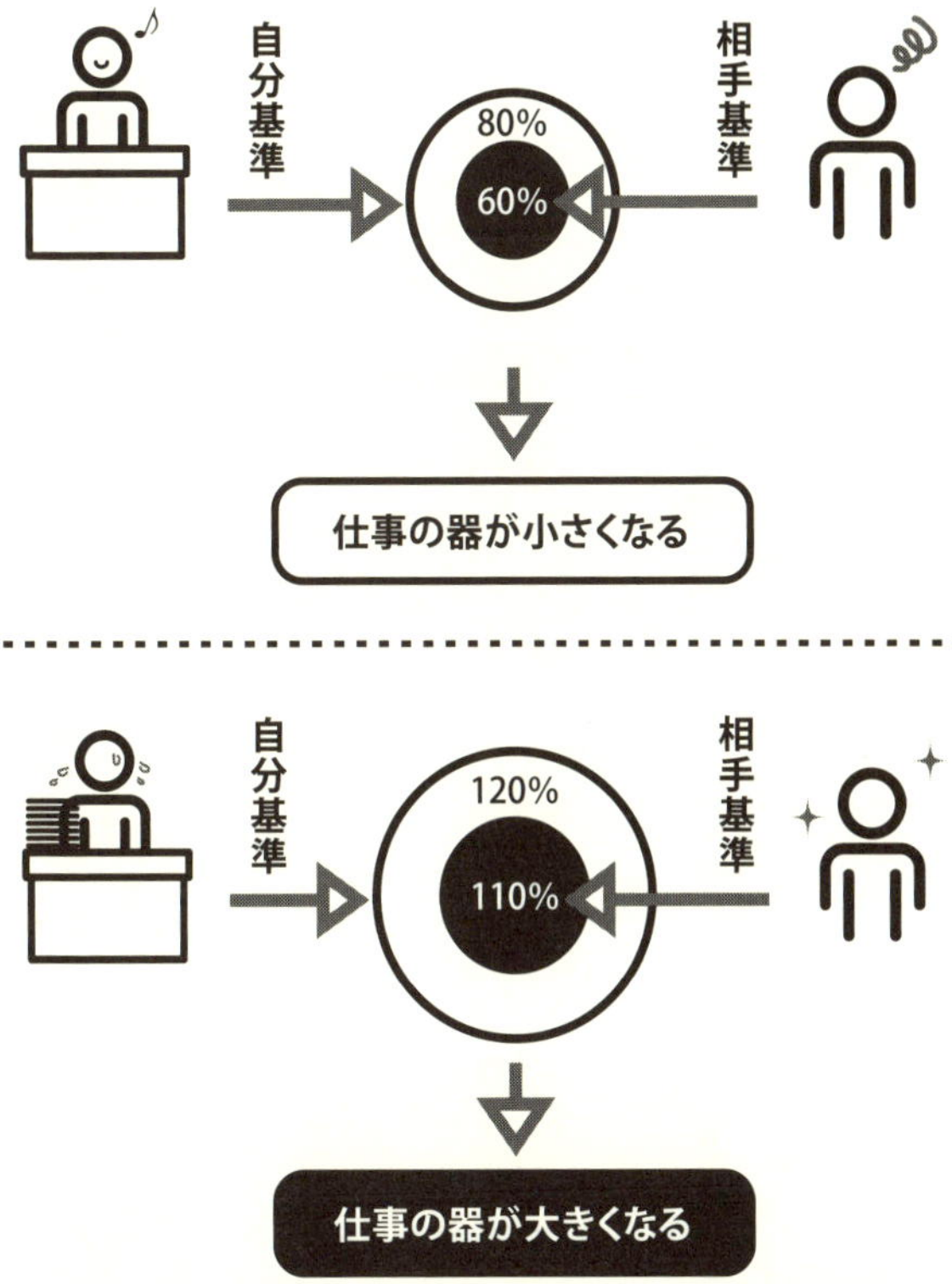
自分基準
相手基準
80%
60%
仕事の器が小さくなる
自分基準
相手基準
120%
110%
仕事の器が大きくなる

25のまとめ

常に相手から期待される以上の仕事をする

26 感情をコントロールするには相手に期待しすぎない

先ほど、相手の期待を上回る仕事をすることの大切さについて述べましたが、反対に、**相手に期待しすぎないのも大切**なことです。

法廷では、必ずしも自分が望んでいた展開になるとはかぎりません。こちらにとって不利な証拠が出てきたり、予想していたよりも重い判決が言い渡されることもあります。

だからといって、「なんでそんな証拠が今ごろ出てくるんだ！」「なぜ、そんな判決になるんだ！」などと感情的になってしまっては、弁護士失格です。不測の事態が起きたときも、あくまでも冷静に次の一手を考えて、行動しなければならないのです。

しかし、一般のビジネスシーンでは、感情に支配されてしまい、怒ったり、イライラしたりしている人をよく見かけます。こうした怒りやイライラの多くは、相手に対する期待の高さに起因しています。

たとえば、自分は遅くまで残業しているのに、部署の他のメンバーは早く帰ってしまったケースでは、「なんで自分ばかりがんばらなければいけないんだ。少しくらい手伝ってくれたっていいではないか！」と不満を感じます。

また、会議で意見を述べたのに、まったく評価されなかったケースでは、「なんでせっかくアイデアを出したのに、誰もいいアイデアだと思わないんだ！」と怒りを感じます。

こうした不満や怒りの裏には、次のような相手に対する期待があるのでしょう。

「同じ部署のメンバーが残業をしていたら、他のメンバーは手伝うべきだ」

「せっかくいいアイデアを出しているのだから、もっと評価するべきだ」

こうした期待が裏切られてしまうから、イライラしてしまうのです。

しかし、相手の立場になってみたらどうでしょうか。

残業を手伝えなかったのは、どうしても外せない大事な約束があったからかもしれませんし、あなたのアイデアを評価しなかったのは、自分のアイデアと正反対のアイデアだったからかもしれません。

逆に、そもそもあなた自身が、他の人が同じことをしたときに、自分の期待したように
すべて応えられているでしょうか。おそらくそんな完璧な人間はいないでしょう。
仕事でイライラしないためには、相手に期待しすぎないことです。あえて、相手
の期待値を下げるようにすると、怒りがわいてこなくなります。

感情を自分でコントロールするには、自分自身に問いかけてみることです。
「残業をしなければならないもともとの原因は、何だろうか。どうすれば、残業する事態
を回避できただろうか」
「自分で面白いと思っていたアイデアは、独りよがりではなかっただろうか。もっと他の
視点から考えるには、どうすればよかっただろうか」
というように、自分自身に問いかけることで、相手に期待しすぎていた自分に気づくこと
ができます。

感情をコントロールする方法を身につけると、コミュニケーションでイライラすること
がなくなり、気分よく仕事に専念することができ、高いパフォーマンスを維持できます。

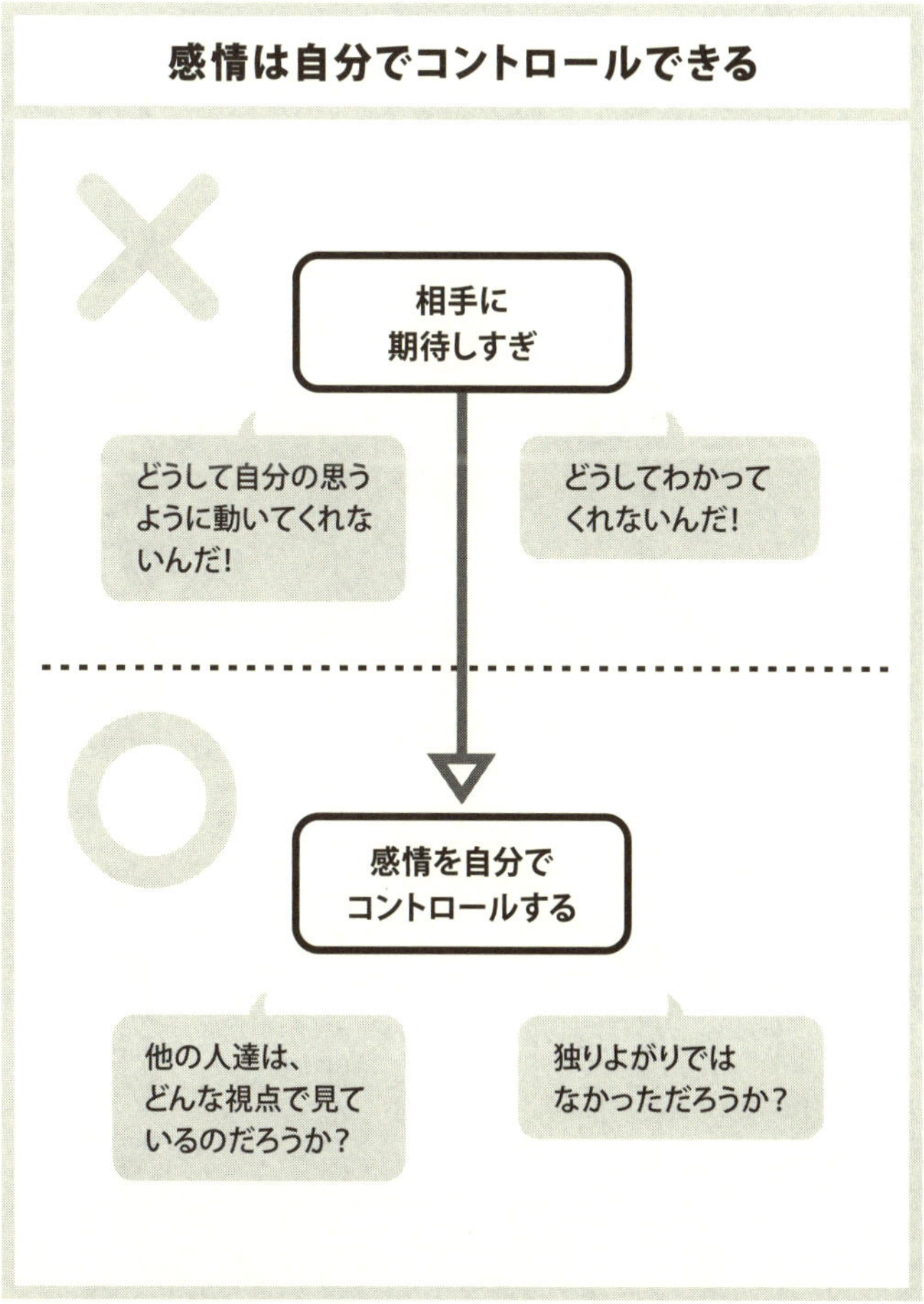
感情は自分でコントロールできる
相手に
期待しすぎ
どうして自分の思うように動いてくれないんだ!
どうしてわかってくれないんだ!
感情を自分でコントロールする
他の人達は、どんな視点で見ているのだろうか?
独りよがりではなかっただろうか?

26のまとめ

相手には期待しすぎない

27 問題解決は相手にとってのベストを目指す

私が弁護士になったばかりのころは、裁判に勝つことがいちばんの解決策だと考えていました。それが弁護士としてのあるべき姿勢だと信じていたのです。

したがって当時の私は、裁判でも相手の弁護士を攻撃しました。のらりくらりと追及をかわす弁護士に対しても、ギリギリまで追い込んだり、ときには「そういうやり方は、弁護士の倫理上、問題があるのではないですか！」と言い放つこともありました。

しかし、そのうち勝ち負けにこだわる自分のやり方に限界を感じるようになってきました。裁判で勝ち続けることによって事件が解決することもありましたが、問題が解決せずに、一層こじれてしまうというケースも少なくなかったのです。

たとえば、徹底的に相手と争った末、こちらが裁判に勝ち、相手に「1000万円払いなさい」という判決が出たことがあったとしましょう。しかし、そのとき相手が財産をもっていなければ、その1000万円を払ってもらえるとはかぎりません。

また、強制執行をかけても、もぬけの殻ということもありますし、相手が徹底的に抵抗する姿勢であれば、控訴審まで裁判が長引く恐れもあります。

これでは、裁判には勝ってもクライアントの利益にはつながりません。クライアントの利益とは、できるだけ多くのお金を回収することであり、裁判で勝つことではないのです。

私は、弁護士の使命は「裁判に勝つことだ」と信じてきましたが、それは、独り相撲をとっているにすぎないと気づいたのです。

こうした経験から、弁護士としての姿勢を大きく転換することとなりました。「裁判で勝つことがいちばんの解決策」ではなく、「依頼者に最大限の利益をもたらすことがいちばんの解決策」と考えるようになったのです。

だから、クライアントの依頼を受けたときには、**「もっともメリットがある解決方法は何か?」**を自問しながら仕事に取りかかるようにしています。

これは、ビジネスにおいても大切なことです。

たとえば、あなたが営業マンだとしたら、どのような姿勢で仕事をするでしょうか。

なかには、「高い商品を売るのがいちばん大切だ」と考える人もいるかもしれません。

たしかに、高い商品をたくさん売れば売るほど、売上や利益も上がりますし、会社からの評価も高くなるでしょう。しかし、高い商品を売ることが目的になってしまうと、相手の立場になって考えることができません。

売上優先で強引に商品を売りつけるようなことをすれば、そのお客さまは二度とあなたから商品を買ってくれることはありません。また、クレームなどにつながり、会社の信用を失墜させる可能性もあります。

営業マンとして正しい姿勢は、**「お客さまが最大限のメリットを得られるのは、どの商品なのか」「どの商品がお客さまの問題を解決できるか」**という視点をもつことです。

そのとき、自社の商品には、お客さまの問題を解決できる商品がなく、他社の商品にそれがあるならば、他社の商品をお客さまにおすすめすることができるかどうかが問われます。

なかなかできることではありませんが、もし、それができるならば、あなたは、お客さまから絶大な信頼を得ることができるでしょう。

仕事においても、このような「相手ワールド」に入り込むことができれば、真の問題解決につなげることができるのです。

「相手ワールド」で問題解決する

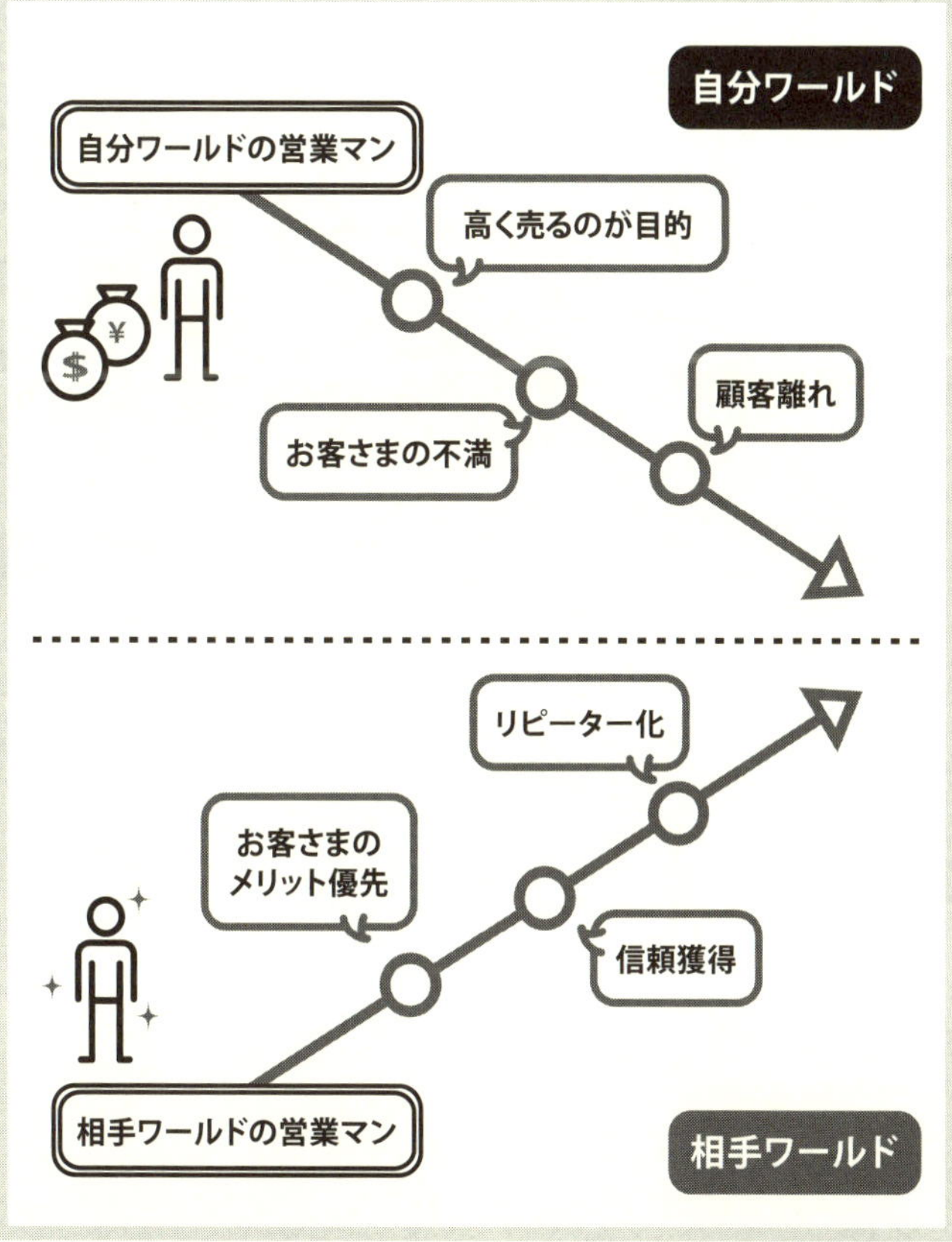
自分ワールド
自分ワールドの営業マン
高く売るのが目的
お客さまの不満
顧客離れ
リピーター化
お客さまの
メリット優先
信頼獲得
相手ワールドの営業マン
相手ワールド

27のまとめ

常に「相手のメリット」を考える

28 自分にとっての完璧は相手にとっての完璧ではない

仕事に締め切りはつきものです。こうした締め切りについても、「自分ワールド」ではなく、「相手ワールド」で考えることが必要になります。

たとえば、こんな弁護士がいたらどうでしょうか。

彼はとても優秀で、正義の心を燃やしています。担当した裁判にはすべて全力投球。法律や判例を徹底的に調べ尽くして、膨大な書類を書き上げます。

そんな彼が、ある裁判で書類提出期限を延長するように求めました。調べることが多い案件だったため、期限までに完璧な書類を提出するのが難しいと考えたからです。

しかし、裁判所は、彼の期限延長の申し出を認めず、書類を提出できないまま裁判は終結。当然、裁判にも負けてしまいました。彼は、完璧を求めるばかりに、クライアントに大きな損害を与えてしまったのです。

このケースでは、彼は自分を優先させてしまい、書類を出しませんでした。中途半端な書類を提出することは、彼のプライドが許さなかったのかもしれません。しかし、それは、自分の都合にすぎませんし、完璧かどうかの基準は自分が定めた基準にすぎません。

わざわざ言うまでもないことですが、相手（クライアント）の立場に立てば、自分では完璧ではないと感じていても、期限までに書類を提出するべきだったのです。

こうしたことは、ビジネスシーンでも頻繁に起きています。

たとえば、上司が部下に報告書の提出を求めたとします。しかし、締め切りを過ぎてもなかなか報告書があがってきません。どうやら報告書の作成をさぼっているわけではなく、あれこれと知恵を絞っている様子に見える。上司がしびれをきらして、部下に催促すると、「今、やっていますので、もう少し待ってください」と言います。

そして、締め切りの時間がだいぶ過ぎてからあがってきた報告書を上司が見ると、必要な情報が足りず、余計な情報までびっしりと書かれていました。それは上司の求めていた報告書のレベルとまったく違っていたのです。

部下は、よりくわしい完璧な報告書をつくろうとしたのかもしれません。その出来に胸を張っているかもしれません。しかし、それは自分にとっての完璧にすぎません。**自分の完璧が、相手にとっての完璧だとはかぎらないのです。**

できるだけ完璧だと思えるものを目指すことはすばらしい心がけですが、期限には間に合わせなければなりません。

それに、もしも提出した報告書が上司の意図するものとズレていたとしても、期限までに提出していれば手直しをすることも可能です。しかし、期限が過ぎてしまった後に、意図とズレていることに気づいても後の祭りでしょう。

上司の立場になってみれば、期限内の100％が望ましいのは明らかですが、期限が過ぎてから提出された99％の出来の報告書よりも、期限前に提出された90％の出来の報告書のほうを評価するのではないでしょうか。

あなたは、自分の仕事に完璧を求めすぎていないでしょうか。

自分にとっての完璧は自己満足に終わることも少なくありません。「相手にとっての完璧は何か」を考えると、あなたがとるべき行動が見えてくるはずです。

「自分の完璧」と「相手の完璧」

自分の完璧 ≠ 相手の完璧

たとえば、

自分では99%の出来

ほぼ完璧だが、期限をオーバーした仕事

↓

低評価

自分では90%の出来

いくらかの過不足はあるが、期限以内に終了した仕事

↓

高評価

28のまとめ

「自分の完璧」ではなく「相手の完璧」を目指す

29 相手が求める「役割」を察知する

あなたのビジネスにおける役割はどんなものでしょうか。自分が周囲から求められる、その場における役割を察知し、それを全うする必要があります。

たとえば、私の場合は弁護士としての役割があります。さらには、多くの弁護士と事務局員を抱える事務所の経営者としての役割も担っています。

しかし、自分が思っている役割と、まわりが求めている役割がズレているケースが少なくありません。こうしたズレがあると、どんなに仕事をがんばっていても、なかなか成果が上がらず、まわりに評価されない、という事態になりかねません。

私が弁護士事務所で働いていたころ、「もっと大きな事件を担当したい。今の仕事はやりがいがない」と不満を言う若手の弁護士がいました。

大きな事件を担当できないのは、まだ経験も知識も足りていないからでしょう。つまり、大きな事件を扱う「役割」を全うするだけの実力が不足していると考えられます。

ビジネスでも、自分の役割とまわりが求める役割がズレているケースがあります。

部署の目標が「新規顧客を獲得する」であれば、営業マンは新しい販路を獲得するための施策を考えて実行することが求められます。にもかかわらず、既存のお客さまのルートセールスばかりしていては、役割を果たしているとはいえないでしょう。

また、営業部に配属されているけれど、本当はマーケティング部で仕事をしたいと考えている営業マンがいるとしましょう。

彼が営業の仕事が一人前でないにもかかわらず、「マーケティングの仕事をしたい」と主張ばかり言っていたら、それもまた組織の求める役割を果たしているとはいえません。会社は、営業マンとして実績を出すことを期待して、営業部に配属しているからです。

どうしてもマーケティングの仕事がしたいのであれば、まずは営業の仕事できちんとした実績を出し、そのうえで、マーケティング戦略についてレポートをまとめ、上司に提出したりすれば、「本気でマーケティングの仕事がしたいのだな」と考えてもらえます。

最低限の役割を果たさないまま、自分の望む「役割」を主張しても、誰も聞く耳をもってはくれません。

ビジネスで成功するには、自分が考える役割と周囲が望む役割のズレを修正することが欠かせません。まわりの求める役割を知るには、次のような視点をもつ必要があります。

・自分はどんな会社・部門に属しているか
・会社や部門の目標は何か
・メンバー構成や目標の達成具合など、会社・部門の状況はどうか
・会社・部門で求められている役割は何か
・自分にできることは何か、ほかにできることはないか

これにより、自分の行動をまわりが期待する役割に沿ったものへと変えていきましょう。

それでもなお、「自分の役割は、まわりから期待されている役割とは違う」と考えるのであれば、まわりがあなたに期待する役割を変える必要があります。

とはいえ、「自分の役割は違う」と叫んでも、まわりの期待は変わりません。あなた自身が意識や行動を変えることで、まわりの認識を変えなければなりません。

「自分が考える役割」と「周囲が求める役割」

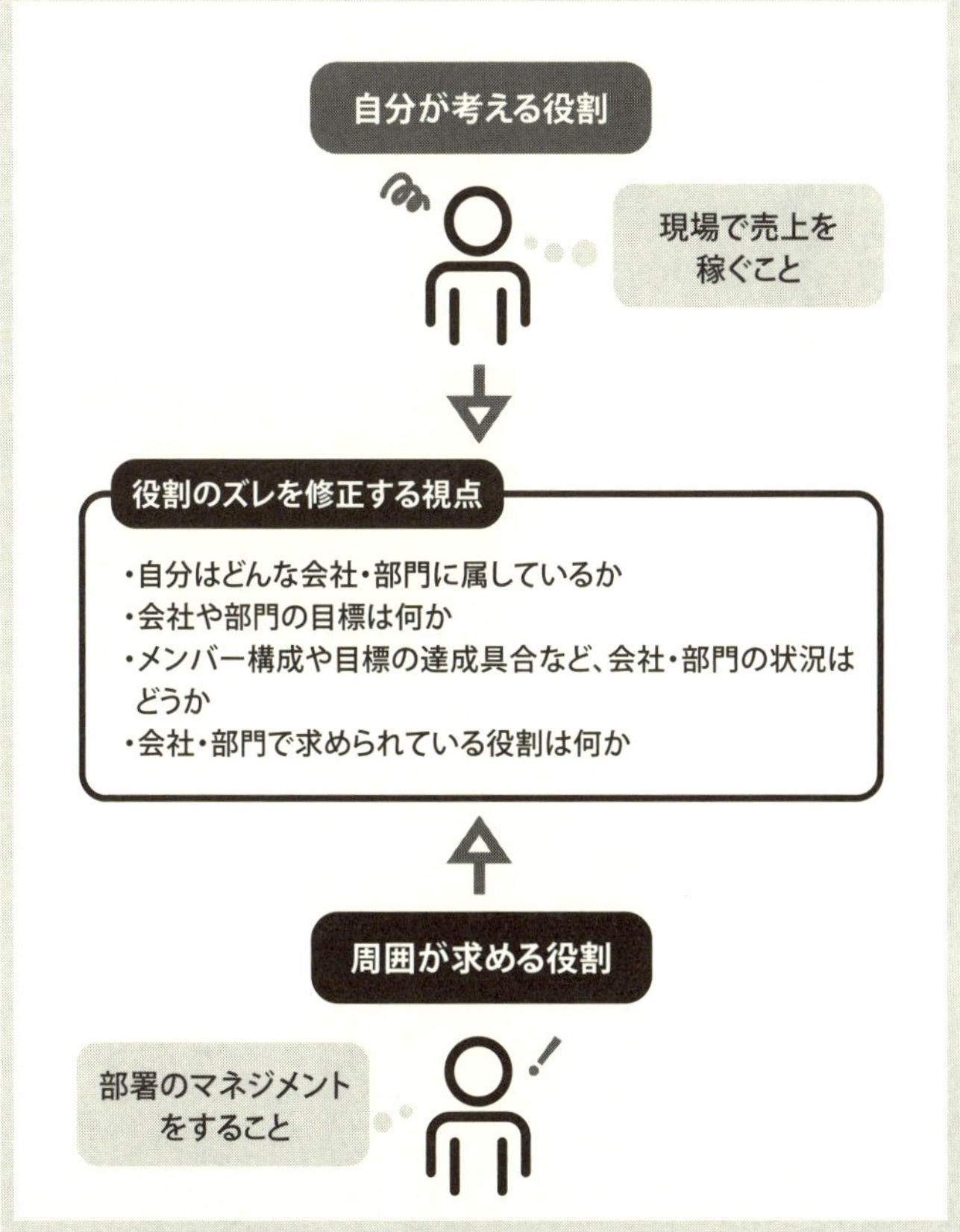
自分が考える役割
現場で売上を
稼ぐこと
役割のズレを修正する視点
・自分はどんな会社・部門に属しているか
・会社や部門の目標は何か
・メンバー構成や目標の達成具合など、会社・部門の状況はどうか
・会社・部門で求められている役割は何か
周囲が求める役割
部署のマネジメント
をすること

29のまとめ

相手が求めている役割を意識する

30

フラットな職場環境をつくる

弁護士という職業は、それぞれが別の案件を担当していることが多いので、必然的に個人プレーが多くなります。ですから、弁護士事務所の中には、弁護士それぞれの個室を用意しているところもあります。

しかし、私の事務所は、パーテーションで座席を区切ってはいるものの、基本的には弁護士と事務員が同じフロアに机を並べて働いています。もちろん、私のデスクも同じフロアにあります。

このような環境をあえてつくっているのは、仕事の効率を重視しているためです。

たとえば、わからないことがあったら、すぐに誰かに相談することができます。

どんな仕事にもあることですが、自分がずっと悩んでいること、解決できないでいることは、案外、他の人がすでに経験していて解決策をもっているものです。

個室にしてしまったら、物理的な壁があるので、気軽に相談することができません。これこそ非効率ではないでしょうか。

昔は、なんとなくカッコイイという理由で、私も個室を使用した時代もありましたが、格好つけるよりもサービスの価値を高めるほうが大事だということに気づいたのです。

職場環境をフラットにすると、人間関係もフラットになる傾向があります。

私の事務所には18人の弁護士が所属していますが、そのうち10人くらいが連れ立って、毎日昼ごはんや晩ごはんを食べに出かけます。もちろん、強制的ではなく、自発的にです。

これは、他の弁護士事務所では、なかなか見られない光景かもしれません。

食事をしている最中は、個別案件の相談は他人に聞かれる危険があるのでできませんが、法律に関するディスカッションをしたり、いろいろな相談をしています。

こうしたお互いに相談しやすい環境が、仕事の効率化に好影響を与えていると私は考えています。

職場をフラットにしているメリットを、もうひとつ紹介しましょう。

オフィスの一角に、貯金箱が置いてあります。これは、**「悪い口癖を直すための貯金箱」**と呼んでいるものです。

人は誰でも、悪い口癖をもっているものです。たとえば、話すときに「えーっと」「あのー」と言ってしまう人は少なくないでしょう。

リズムをとるために何度か出てしまうのはしかたありませんが、なかには、電話中や会議の席などで「えーっと」「あのー」を連発してしまう人もいます。

ですから、メンバーそれぞれにNGワードを設定し、「あのー、と3回言ったら、100円を貯金箱に入れる」といったルールを決めました。NGワードを発しているのを聞いたら、まわりの人が指摘してあげます。

この方法は効果てきめんでした。お金が惜しいわけではありませんが、人に指摘される自分がくやしくて、すぐに悪い口癖は改善していったのです。

これもフラットなオフィスならではのしくみといえるでしょう。ぜひあなたの職場でも試してみてください。

「閉じられた職場」と「フラットな職場」の違い

■閉じられた職場

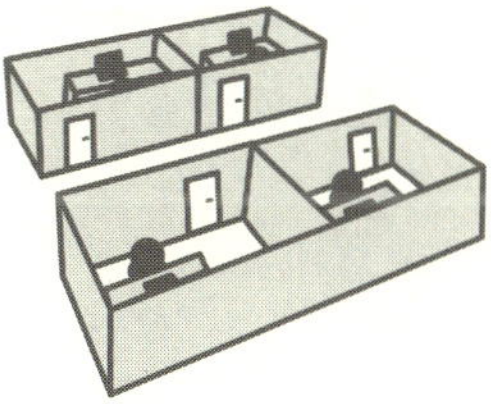

- 気軽に相談できない
- コミュニケーションがうまくとれない
- お互いを高められない

↓

仕事が非効率的になる

⇕

■フラットな職場

- 気軽に相談できる
- 人間関係がうまくいく
- お互いを高め合うことができる

↓

仕事が効率的になる

30のまとめ　**自分の居心地よりもサービスを高める**

第3章

相手力

相手力をつけるための、
左の10の項目のうち、
足りないものにチェックし、
その部分を読み直してみましょう！

Check!
✓

21 物事は常に「相手ワールド」で考えよう ☐

22 人は「感情→理性」の順で決断に向かう ☐

23 状況をコントロールする権利を常に自分が持っておこう ☐

24 ボールは常にすぐに相手に返そう ☐

25 常に相手から期待される以上の仕事をする ☐

26 相手には期待しすぎない ☐

27 常に「相手のメリット」を考える ☐

28 「自分の完璧」ではなく「相手の完璧」を目指す ☐

29 相手が求めている役割を意識する ☐

30 自分の居心地よりもサービスを高める ☐

第4章

ピンチをチャンスに変える「危機管理力」

31 危険を察知できる人は伸びる

仕事ができる人は、目に見えていない危険やリスクを察知し、すばやく対処します。

反対に、仕事ができない人は、そうした危険やリスクの兆候が表れているにもかかわらず、見過ごしてしまいます。あるいは気づいていても、見て見ぬふりをしてしまいます。

たとえば、会社の破産申し立てを担当する弁護士がいたとします。

経営者は「破産の手続きをとってください。責任は私がかぶります」と言っています。ところが、調べてみると、会社の資金の一部が別の口座に移されていることがわかりました。経営者は、とくに悪気があったわけでなく、そのことを気にかけていませんでした。

しかし、弁護士は危険を察知する能力が働きました。もしもこのまま破産手続きをして破産管財人が会社に入ったら、「経営者が資金を着服した」と疑われる可能性があります。

詐欺破産罪で刑事事件に発展する恐れもゼロではありません。

そこで、弁護士は再度、経営者と面談し、破産手続きに入る際のリスクについて説明し直しました。すると、事の重大さに気づいた経営者は、「それは大変なことだ」と、破産手続きをいったん中止したのです。

もうひとつ例を紹介しましょう。

ある弁護士が弁護しているクライアントさんの話ですが、このクライアントさんを紹介をしてくれた人から電話がかかってきました。

「紹介した彼の件ですが、心配なので、状況を私に報告してくれませんか？」

紹介者とクライアントとは旧知の仲で、お互いに信頼関係がある様子でした。本当に心配になって、案件の状況を聞きたいと思っているのかもしれません。ガードの甘い人であれば、思わず報告してしまいそうになるシチュエーションといえます。

しかし、クライアントの情報を第三者に漏らすのは、守秘義務違反になります。懲戒の対象となる一大事です。もしも第三者である紹介者に報告をするなら、クライアントに確認をとる必要があります。危険を察知した弁護士は、上司に相談し、事なきを得たのです。

危険を察知できる人は、単に「センスがいい」「感度が高い」というわけではありません。

実は、リスクの兆しを感じ取れる人は、次の3つの習慣を積み重ねているものです。

①あらゆることを想定する
②小さな変化に目を向ける
③過去の失敗を生かす

①「あらゆることを想定する」は、最悪の事態を含め、よい面、悪い面などさまざま角度から「次に何が起こるか」について検討をしておく必要があるということです。
②「小さな変化に目を向ける」は、普段は見過ごしてしまいそうな危険信号をキャッチするように心がけることです。どんなに突発的と思える変化にも、必ず小さな兆候があらわれるはずです。
③「過去の失敗を生かす」は、リスクを察知するための大切な習慣です。失敗をしたら貴重な経験として、教訓とする。また、他人の冒した失敗についても、対岸の火事とするのではなく、自分の立場に置き換えて仕事に生かします。

リスクのきざしを感じ取る3つの習慣

① あらゆることを想定する

次に何が起こるか？

② 小さな変化に目を向ける

変化を見過ごしていないか？

③ 過去の失敗を生かす

自分の立場に置き換えたらどうか？

31のまとめ

危険を察知する習慣をもつ

32

「想定外」をなくす

東日本大震災が原因で起きた福島第一原発の事故について、東京電力の幹部は、「想定外だった」と釈明していました。

当然ですが、想定していない危機に対しては、うまく対処することはできません。「どうすればいいのか」とパニック状態になり、すべての対応が後手に回ってしまいます。

あらかじめ想定していた危険やリスクであれば、それに対処することもできますが、危険やリスクそのものが想定されていないと、いざ問題が発生したときに何も対応できなくなってしまうのです。

リスク管理の基本は、**「できるだけ広くリスクを想定しておく」**ことです。想定している範囲内のリスクであれば、人は冷静に対処できます。

弁護士の業務は、すべての出来事を「想定内」にできるかどうかがカギになります。すべてを想定内にするためのツールとして、ピラミッドツリーという考え方があります。

たとえば、交通事故の案件を担当する際には、大きく「刑事」と「民事」という法的分類をします。「刑事」についてやるべきこと、「民事」についてもやるべきことを、それぞれ抽出します。

たとえば、「民事」の場合は、①「過失相殺（割合）について」、②「治療中の補償について」、③「治療完了後の後遺症などの損害額について」というように、やるべきことや問題となる点をピックアップしていきます（実際には、もっとやるべき項目はあります）。

そして、それぞれについての問題点やリスク、戦略などを検討し、さらに一つひとつの項目を細分化していき、同じ作業を繰り返します。

こうした作業を続けていくと、業務がツリー上に伸びて、ひと目でやるべき業務やリスクが明らかになります。

このように業務の内容をピックアップし、それぞれについて検討することで、あらゆるリスクに対応できるようになるのです。

ここで重要なのは、**「モレを防ぐ」**ことです。ダブリがあっても害はありませんが、モレがあって、想定外のことが起きると致命傷になりかねません。

ピラミッドツリーは、個人のビジネスのリスク管理にも応用することができます。

たとえば、会社から独立して、個人で事業をはじめようとしている人が、そのリスクについて考えるとします。このとき、「収入が安定しない」「開業資金がかかる」といったリスクがあげられるでしょう。こうしたリスクをさらに細分化して、考えられるすべてのリスクを把握することによって、すべてを「想定内」にすることができます。

リスクがわかっていれば、対処法も考えられるので、いざというときにあわてることもありません。

独立開業をする前は、「よし、やってやるぞ！」と希望とやる気に満ちているので、どうしても前のめりになりがちです。もちろん、前向きに事業に取り組むことは成功の要因のひとつではありますが、現実には必ず危機やリスクに襲われることとなります。

ですから、あらかじめリスクについて考えておくことは、とても有意義なことだといえるでしょう。そして、リスクを洗い出したら、最悪の事態を想定し、前出の「最悪の事態に対処する方法」で前に進みましょう。

ピラミッドツリーでリスクを把握する

■（例）起業したい場合のリスクを考える

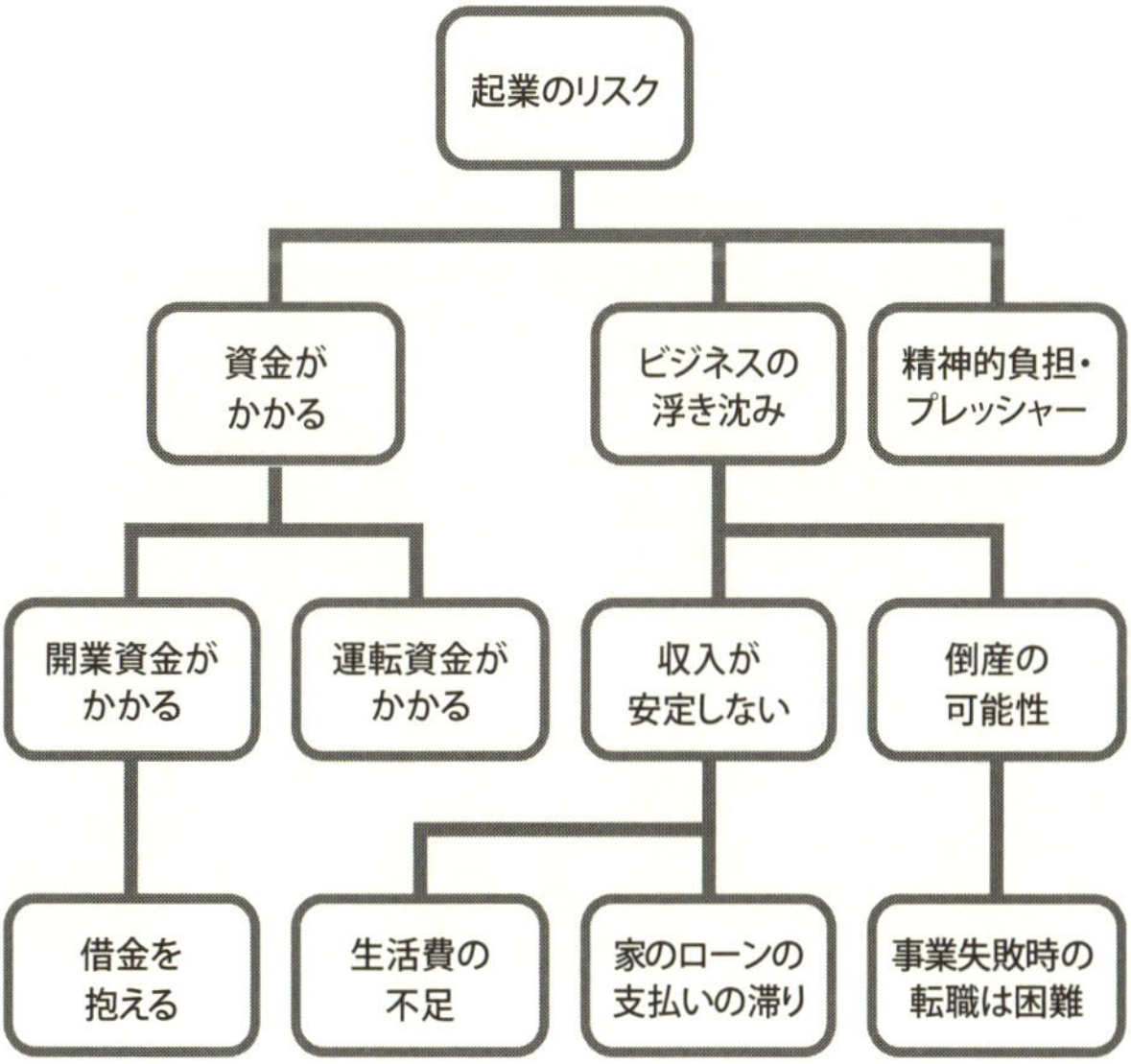
起業のリスク
資金がかかる
ビジネスの浮き沈み
精神的負担・プレッシャー
開業資金がかかる
運転資金がかかる
収入が安定しない
倒産の可能性
借金を抱える
生活費の不足
家のローンの支払いの滞り
事業失敗時の転職は困難

リスクを知れば対処法も見えてくる

32のまとめ

できるだけ多くのリスクを想定する

33 「重要だが緊急でない仕事」を重視する

私は「時間管理をどのようにしているのですか」とよく聞かれることがあります。私が、弁護士の業務や事務所のマネジメントなどで普段から忙しくしているからでしょう。

時間を効率的に使っている人の中には、「ＴｏＤｏリスト」などの時間管理ツールを活用している人も多いようですが、私の場合は、時間管理ツールなどは使っていません。

タイムマネジメントについて解説した本などには、重要度と緊急度の２つの軸で考えるマトリクス図がよく登場します。こうした本を読むと、「重要かつ緊急な仕事」を最優先で片づけなさい、と書いてあります。

しかし、これは当たり前といえば当たり前です。私もそうですが、誰だって重要かつ緊急な仕事は、すぐに取りかかります。そうしないと、まわりに迷惑がかかったり、成果を大きく左右したりすることになるからです。

大事なのは、**「重要だが緊急でない仕事」**を、無理をしてでも行うことです。

たとえば、士業にとって、営業の新規開拓は、今すぐやらなければいけない仕事ではありませんが、将来の販路を確保するためには必要不可欠です。

しかし、日々の業務に忙殺されていると、なかなか新規開拓に時間を割く気になりません。売上目標を順調にクリアしているときなどは、ついつい新規開拓に気が向かないかもしれません。

ところが、いつまでも順調に物事が進むわけではありません。そのうち今のお客さまが離れてときがやってきます。そうした事態に直面してから、新規開拓をはじめても、すぐに売上に結びつくことはありません。

「重要だが緊急でない仕事」を放置しておくと、「重要かつ緊急な仕事」に育っていきます。そうなってから対処したのでは、すべてが後手に回ってしまい、「重要かつ緊急な仕事」に忙殺されることになるのです。その間にも、「重要かつ緊急な仕事」とは、どんどん成長してきます。

こうした悪循環に陥らないためには、「重要だが緊急でない仕事」を無理にでも優先的に片づけていくことです。

先ほど「目の前の仕事を片っ端からやる」と述べましたが、この仕事の中には、「重要だが緊急でない仕事」も当然含まれています。

私にとっては、原稿の執筆や新しいホームページの立ち上げ、経営戦略などの策定などが、このタイプの仕事に該当します。こうした仕事をどれだけ先回りしてこなせるかが、効率よく仕事を行うための決め手となります。

たとえば、弁護士としてのブランディングを確立することを、私は重要な仕事だと位置づけています。実際、普段の弁護士業務で忙しい中、暇でテレビに出たり、本を書いたりしているわけではありません。ブランディングは緊急の仕事ではありませんが、できるだけ先手を打つように心がけています。

そうしないと、競争の渦に飲み込まれ、事務所を維持するために営業活動が緊急かつ重要な仕事になってしまい、本来の弁護士業務を圧迫する結果となりかねません。本来の弁護士業務を充実したものとするために、日々ブランディングに努めているのです。

あなたは、忙しいからといって、「重要だが緊急でない仕事」を後回しにしていないでしょうか。忙しいときこそ、こうした仕事に注意を払う必要があります。

重要度と緊急度のマトリクス図

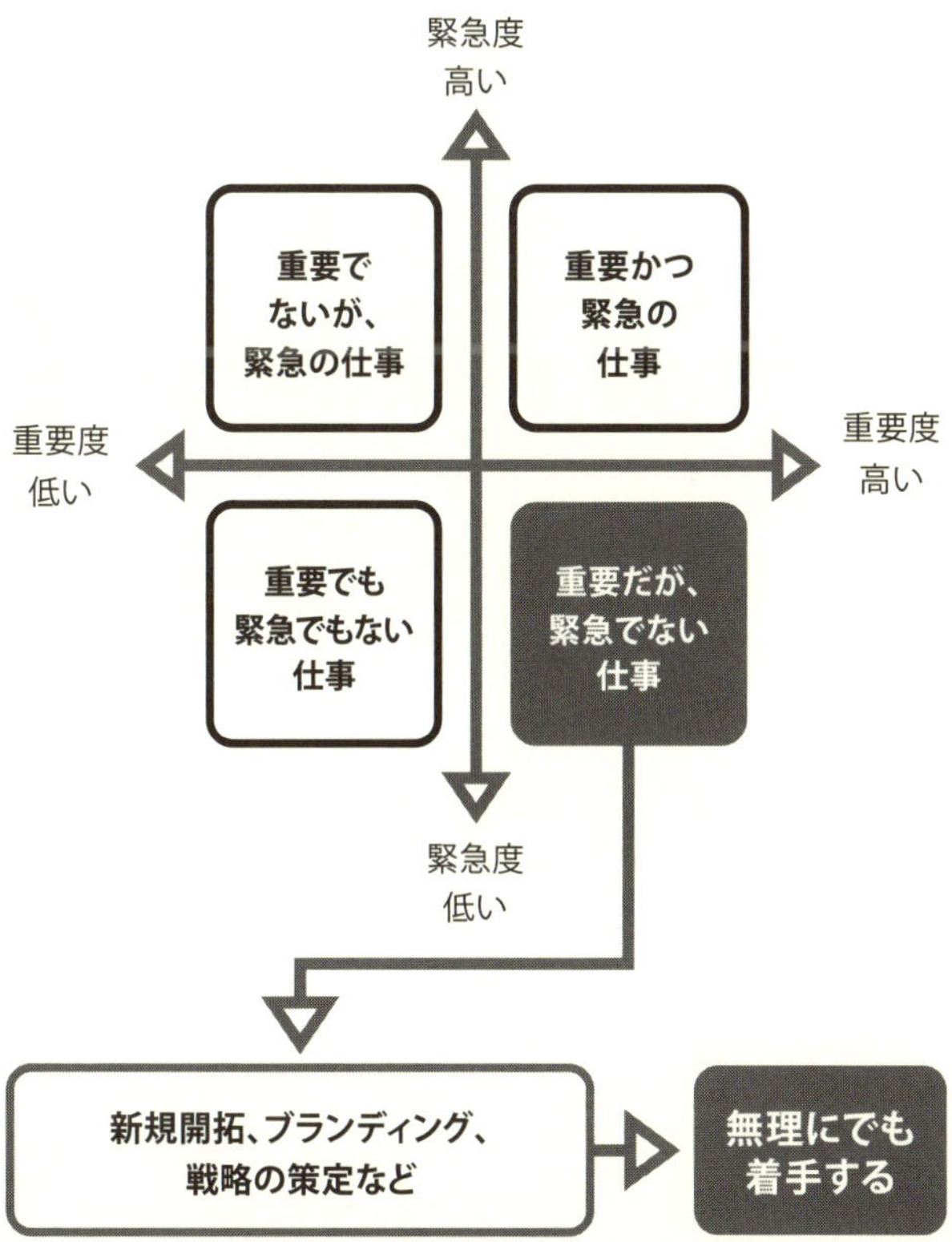
緊急度
高い
重要で
ないが、
緊急の仕事
重要かつ
緊急の
仕事
重要度
低い
重要度
高い
重要でも
緊急でもない
仕事
重要だが、
緊急でない
仕事
緊急度
低い
新規開拓、ブランディング、
戦略の策定など
無理にでも
着手する

33のまとめ

「重要だが緊急でない仕事」に無理にでも着手する

34 自分の感情をコントロールする

相手の感情を察知し理解することにより、さまざまな危機を回避することができますが、**相手の感情を理解するのと同じくらい、自分の感情にも注意を払う必要があります。**

弁護士の場合、トラブルや事件を抱えたクライアントの依頼を受けることになります。だから、相談を受けていても、どうしても暗く沈むような話が多くなります。相手の感情が悲しみや怒りに支配されているので、そうした感情に引っ張られることもあります。弁護士の中には、うつ病になってしまう人もいるくらいです。

ですから、私はクライアントの話を聞くときには、どっぷりと入り込まないようにしています。もちろん、クライアントに最大限の利益をもたらすことを第一に考え、親身になって話を聞くようにしていますが、できるだけ依頼者と同じレベルの感情になり、感情に支配されるような事態は避けています。

クライアントの感情に引っ張られてしまうと、冷静な判断ができません。

弁護士の中には、クライアントの感情に引っ張られて、一緒に熱くなってしまう人もたまにいます。相手に返済するお金がないにもかかわらず、「お金を返さないのは人としておかしい！」と怒鳴りつける弁護士もいました。しかし、返済原資がないのが現実。弁護士としては、どのように返済原資を調達するか、分割払いなどで返済できないか、といった解決への道筋をつけるのが仕事です。被害者と一緒に感情的になっても何も解決しません。

弁護士の仕事は同情することではなく、クライアントの利益を守ること。ですから、第三者の視点を常にもち続けることが大切なのです。

こうしたケースにかぎらず、感情にとらわれてしまうと、ビジネスでは自分で自分の首を絞めることになってしまいます。

たとえば、お客さまからクレーム電話がかかってきたときに、「そんな無茶なことを言われても」と内心思うこともあるでしょう。しかし、そうした感情は相手に伝わってしまうものです。あなたのひと言が、お客さまの怒りの火に油を注ぐ事態になりかねません。

また、上司の方針に納得がいかずに、イライラしたまま仕事をしていても、なかなかそのことが頭から離れず、生産的な仕事はできません。

自分の感情は、自分でコントロールすることが大切です。感情的になっている自分を客観視することで、感情の束縛から抜け出すのです。

そうはいっても、それほど簡単なことではありません。それでも、**「自分は今、感情にとらわれているな」**と意識するだけでも、自分を客観的に見るきっかけになります。

具体的には、負の感情を「改善点発見のシグナル」ととらえるのです。そして、どのように変えたら成功するだろうか、と考えるのです。

たとえば、自分の企画が会議で通らなかった場合は、

「どう変えればもっとよくなるだろうか？」

「企画が通らなかったのは、もっとよい企画にブラッシュアップするためのチャンスだ」

と考えれば、失敗が明日への糧となります。このように考え方を変えれば、落ち込むことも少なくなるでしょう。

どんな人でも感情的にならずに、平常心であり続けることは不可能です。しかし、危機管理がしっかりできている人は、自分の心の動きをうまくコントロールしています。

感情的な自分を客観視する

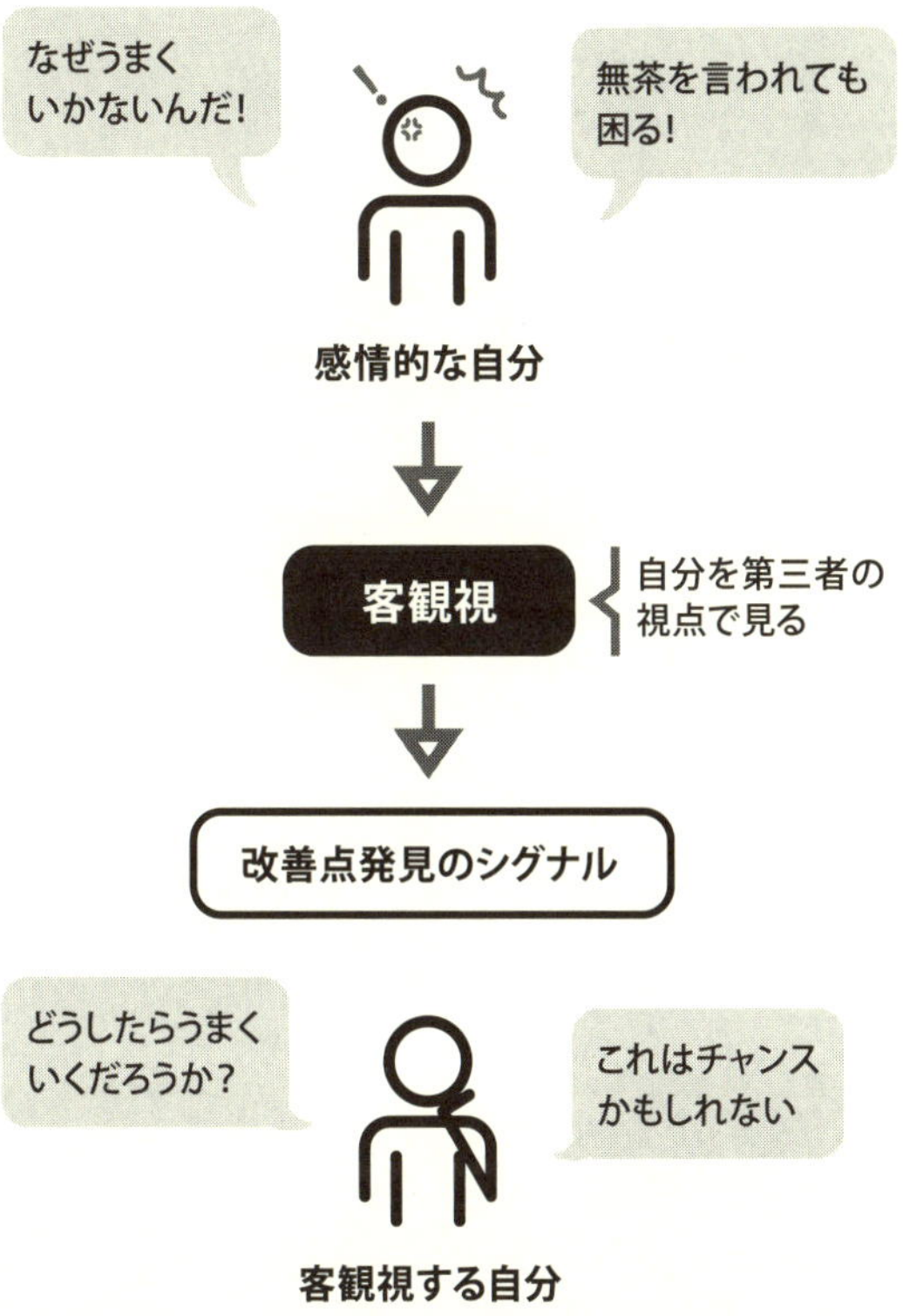
なぜうまく
いかないんだ!
無茶を言われても
困る!
感情的な自分
客観視
自分を第三者の
視点で見る
改善点発見のシグナル
どうしたらうまく
いくだろうか?
これはチャンス
かもしれない
客観視する自分

34のまとめ

自分の感情をコントロールする

35

安定を手に入れるために、変化する

ビジネスは変化の連続です。お客さまのニーズや嗜好は目まぐるしく変わり、ブームも来たと思ったらあっという間に去っていきます。労働市場がますます流動化しているせいで、人の出入りは激しく、上司や部下もくるくる変わります。

「強い者よりも変化に順応できるものが生き残る」とダーウィンが言っているように、変化に対応することは、激動の経済環境を生き抜くために避けられません。

とはいえ、本来、人は変化を嫌う生き物です。変化することは、ある程度の苦痛をともないます。「今までのやり方でうまくいっていたのだから、これまでのやり方を変える必要はない」と考えてしまうのもしかたありません。

もちろん、常に周囲にアンテナを張りめぐらし、世の中の変化をとらえて生き残ろう、という姿勢も大切なことです。これができる人は、ぜひ続けていただきたいと思います。

しかし、多くの人は「変化する」ことに抵抗をもっています。そんな人は、少し発想を変えてみるとよいでしょう。このように考えたらどうでしょうか。

変化しないために、まわりの変化に順応する。つまり、まわりとの関係を変化させないように対処するのです。

仮にまわりの環境が「A」で、自分も「A」だとしましょう。もし環境が「B」に変化したときに、自分が「A」のままだと、まわりから取り残されてしまいます。環境が「A」から「B」に変化したら、自分も「A」から「B」へ変化する。このようにまわりの環境の変化に合わせて自分も変わっていけば、安定します。

たとえば、新しく上司がやってきて、仕事のやり方が変化したときに、これまでの自分のやり方にこだわって変えずにいたら、上司からは評価されないでしょう。上司の求める仕事のやり方を察知して、それに合わせることができれば、良好な関係を築くことができますし、上司からの評価もアップするでしょう。

また、会社の公用語として英語が導入されたときに、「自分は英語が苦手だから話しません」というわけにはいきません。職場での自分の立場を変化させないためには、英語をマスターしなければならないのです。この時、まわりの変化に対して「そんな急に言われても困る」などと変化を拒絶していると、一人だけ取り残されてしまうことになります。

弁護士の世界でいえば、2009年から裁判員制度が導入され、裁判を「わかりやすく」進行する必要が生じています。フリップやモニターを使って視覚的に表現したり、専門用語をわかりやすくかみ砕いたりするといった試みがなされています。

このときに、「自分のやり方は変えたくない」と頑固に対応していたら、おそらく「時代遅れの弁護士」というレッテルを貼られてしまうでしょう。まわりが変化した分だけ変化しなければ自らをピンチに追い込むことになります。

何事も先回りして変化しなくてはいけない、と考えると大変です。こんなことができるのは、一部の人だけだと思います。しかし、「まわりが変化した分だけ自分も変化すればいい」と考えれば、変化に対するアレルギーも消えるのではないでしょうか。

多くの人は、変化に拒絶反応を示します。だからこそ、積極的に変化に対応し、さらに変化を先取りしてそれに順応することができれば、他の人よりも一歩リードすることができるはずです。

まわりとの関係を変化させないようにする

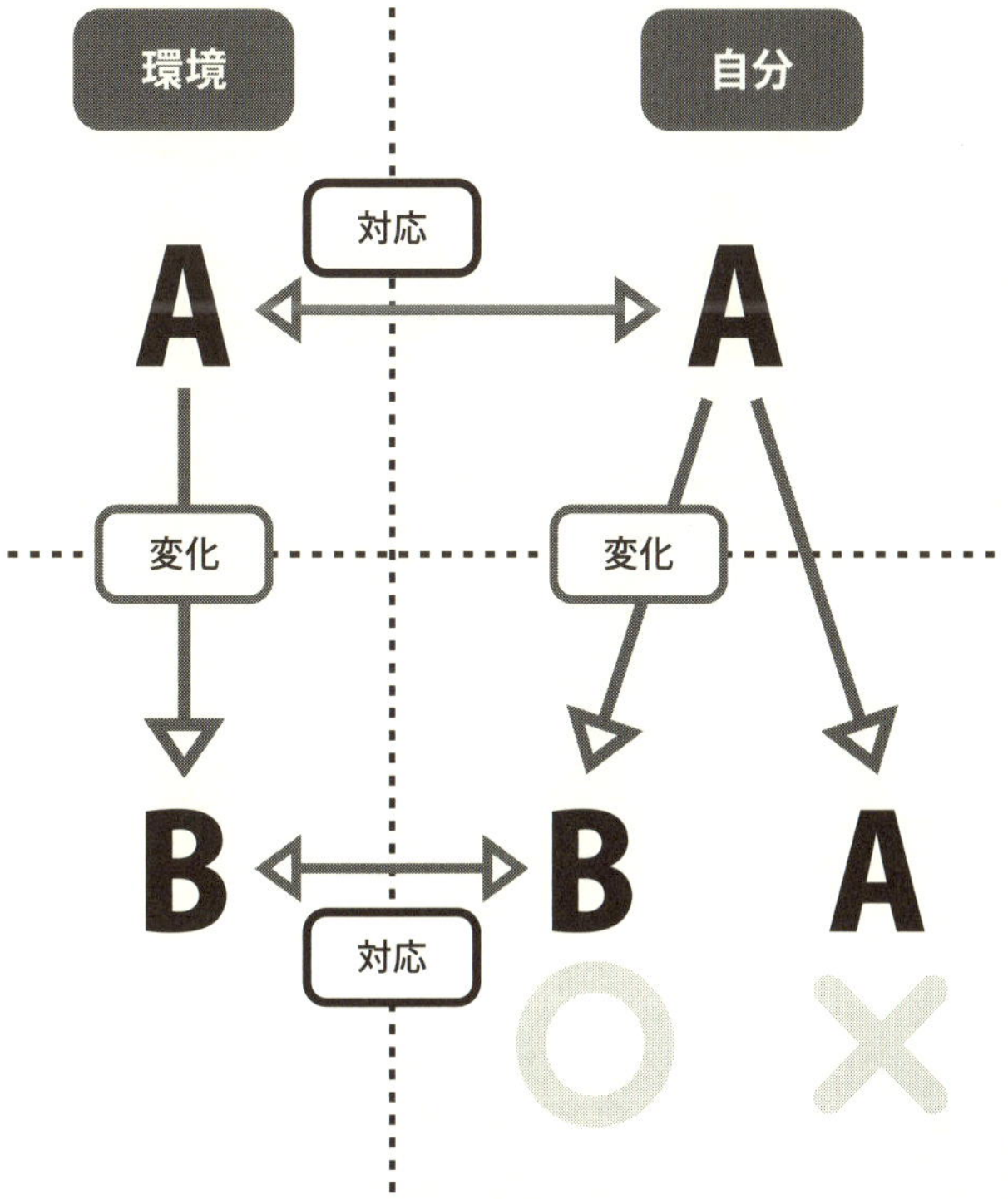

35のまとめ

環境に応じて自分も変化する

36

「でも」「しかし」を使わない

裁判は、「原告」と「被告」が自らの権利を守るために主張を戦わせる場です。

弁護士の私も、依頼者に最大限の利益をもたらすために、相手の主張に反論し、こちらの主張の正しさを声高に叫びます。ですから、相手の主張に反論するために、どうしても「しかし」「それは間違っている」「そんな主張には同意できません」というように、相手を否定する言葉を多用することになります。

これらは、紛争場面での議論や交渉で勝つためには、必要不可欠です。相手を否定する言葉を使わなければ、主張を通すことが難しくなるでしょう。

しかし、ビジネスの場で、「でも」「しかし」といった否定語を使うことは、人間関係がぎくしゃくしたり、交渉事がうまくいかない原因にもなります。

私は、裁判など対立関係が明らかな場では、相手の主張を否定するような言葉を使用しますが、クライアントの話を聞くときや事務所のスタッフと打ち合わせをするときには、否定語は使わないように心がけています。

たとえば、会議の席で上司が、「この商品は50代以上をターゲットに販売するべきだろう」と意見を言ったとします。ところが、あなたは、50代以上ではなく、むしろ20代の若者をターゲットにすべきだという意見をもっています。

このときに、「課長、その考えは間違っていると思います。この商品のターゲットは20代です。なぜなら……」と上司の意見を頭ごなしに否定してしまうと、上司の気分を害することになります。あなたの主張がどんなに正論であっても、感情的になってしまった上司は、あなたの主張に対してさらに反論してくるに違いありません。

相手と異なる意見を表明するときには、一度、相手の意見を肯定しましょう。

「なるほど、そのとおりですね。間違っているかもしれませんが、私は20代も同じくターゲットになると考えています。なぜなら……」

このような言い方をすれば、相手の気分を害しませんし、自分の意見もしっかり主張できます。目的は、十分達せられるはずです。

また、**お客さまに商品を販売するときも、否定語を使わないように気をつけましょう。**

たとえば、お客さまが商品の値段を聞いて「けっこう高いね」と言ったとします。

こういうとき、「いえいえ、高くないですよ」「そんなことはありません」と思わず反論してしまうのではないでしょうか。販売するほうに反論をする気はなくても、お客さまにとっては「高いね」という自分の意見を否定されるのは、気分のよいことではありません。人間は、自分の意見を否定されることが嫌いなのです。

このようなときも、一度肯定してあげるとよいでしょう。

「たしかに高いですよね。他のお客さまもそうおっしゃいます。ところで実は、この値段には理由があります。他の商品とは品質が違いまして……」

あなたは、知らず知らずのうちに「でも」「しかし」という否定語を使っていないでしょうか。1日に何度、他人に対して使っているかを数えてみましょう。意外と、多用していくことに気づくかもしれません。

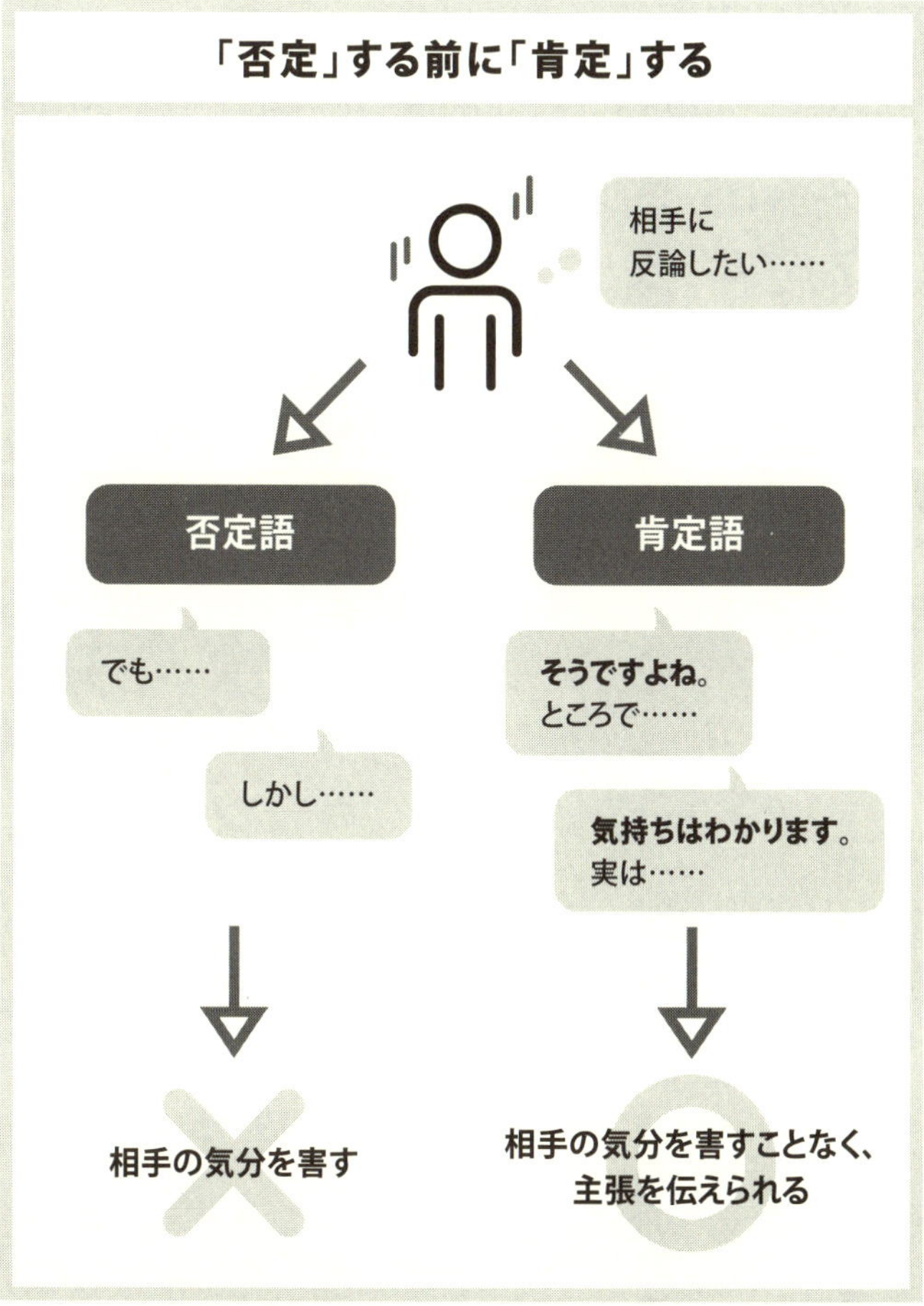
「否定」する前に「肯定」する
相手に
反論したい……
否定語
肯定語
でも……
しかし……
そうですよね。
ところで……
気持ちはわかります。
実は……
相手の気分を害す
相手の気分を害することなく、
主張を伝えられる

36のまとめ

「否定語」は使わない

37 ポジティブな結果から仮説を立てる

困難に見舞われたり、物事に行き詰ったりしたとき、どうしても心が折れてあきらめてしまいたくなります。

しかし、自分で「できない」と決めつけた瞬間に、それを実現することは本当に不可能になってしまいます。あきらめたら最後、二度と「できる」ことはないでしょう。

「私は、何千回の失敗を繰り返したのではない。何千個もの『電球ができない発見』をしたのだ」

これは、電球などを発明したエジソンの言葉です。エジソンは世間一般でいわれる失敗を、成功するための貴重な材料としてポジティブに考えました。こうした逆転の発想が、発明王エジソンの真骨頂だといえます。

ポジティブシンキングは、「できる」という仮説にもとづいて、その検証過程を繰り返す「仮説思考」といえます。

一見できそうにないこと、困難をともなうことが予想されるものは、どうしても投げ出したくなってしまうものです。しかし、「できない」という考え方を捨てて、「できる」という仮説を立ててみてはどうでしょうか。できる根拠がなくてもかまいません。これまで「できない」と思っていたことを「できる」と信じてみるのです。

エジソンが、困難な開発であったにもかかわらず、電球を発明できたのも、「できる」という前提があったからに違いありません。

弁護士もクライアントの依頼を受けるときには、「勝てる」という前提で裁判に臨みます。もちろん、裁判官の視点に立って、その案件が勝てるかどうかを検討しますが、明らかに不利な証拠などがあって負けそうなときであっても、「勝てる」という仮説を立ててから再検討すると、こちらに有利になる証拠が見つかったりするものです。

一見、無理そうなことでも、すぐにあきらめてはもったいない。一度さじを投げてしまったことで、どんどん事態が悪化し、ピンチに陥る可能性もあります。

このようなときは、反対から見る、つまり「できる」という前提に立つことによって、状況がひっくり返るかもしれません。

「できる」という前提に立つと、実現するためには何が必要かという思考になり、新しいアイデアが浮かびやすくなります。

また、「できない」という呪縛から解放されることで、自由な発想が生まれます。「できない」という思い込みが、思考の幅を狭めていることもあるのです。

たとえば、新商品の開発が技術的な壁にぶつかり、「できないかもしれない」という空気が社内に流れていたとします。

このようなときにも、「必ず技術的な壁を乗り越えることができる」という発想に切り替えれば、さまざまなアイデアが浮かびます。

できないと思っているときには出てこない「他者の技術を提供してもらう契約を結ぶ」といった広い視点の解決策が出てくるものです。

困難だと思うことこそ、反対側からポジティブに考えてみる。そうすることで、「できない」という壁を乗り越えることもできるかもしれません。

「できる」という前提で考える

課題・問題	・自社では解決できない技術的な問題が発生
前提	・「できる」という前提に立つ
仮説	・「必ず解決できる」という前提にもとづいて仮説を立てる
思考	・思考の幅が広がり、「自社の技術にこだわらなくていいのでは」という考えが生まれる
アイデア	・「他業種のA社の技術を提供してもらう」という発想が生まれる

37のまとめ

物事は「ポジティブな前提」で考えよう

38

「ゼロベース」で考える

上司と部下の間で板挟みになったり、お客さまの要求と会社ができる限界の間で板挟みになったりということは、ビジネスではよくあることです。スケジュールを早めると同時に、品質も向上させるといった難題にぶちあたることもあるでしょう。

このように、相反する2つの問題を同時に解決しなければいけないケースでは、行き詰まり感に襲われ、身動きがとれなくなってしまうことがあります。

弁護士の仕事でも、ドロドロの人間関係が複雑に絡み合った案件を扱うことがあります。「こんな状況では、解決策などないのでは?」とあきらめたくなることもありますが、根気よく取り組んでいれば、どんな問題も最後には必ず解決するものです。これは、今までの経験からいえることです。

一見、八方ふさがりと思われるような2つの問題を同時に解決しなければならないケースでは、「第三の道」を探さなければなりません。

おすすめする方法は、「ゼロベース」で考えてみることです。目の前で起きていることをいったん脇に置いて、スタートラインに立ち返ってみるのです。

これまで事実と思っていたことを疑ってみる。そのうえで問題の全体を見渡してみると、それまで見えてこなかったことが浮かび上がってくることがあります。

こうした論理的思考法とはまったく異なる観点から解決策を見出そうとする思考法を**「水平思考」**といいます。

たとえば、営業マンが、大事な取引先から「商品の納期を2週間早めてもらいたい」という要望を受けたとします。

しかし、社内の製造部に確認してみたところ、工場のスケジュールはすでにいっぱいで、「2週間早めるのは無理」という回答でした。

取引先には「無理でした」とは言えないし、現実には工場は手いっぱい。通常であれば、営業マンは八方ふさがりの状態といえるでしょう。

こういうときは、水平思考を用いて「ゼロベース」で考えてみます。いったんすべてを白紙にして、全体を俯瞰《ふかん》してみるのです。

まずは、「工場のスケジュールがいっぱい」という前提を疑ってみます。

現実的にスケジュールはいっぱいかもしれませんが、交渉をすることによって別の取引先の納期を遅らせることができるかもしれません。その空いたラインで生産できれば、納期を早められる可能性が出てきます。

次に、取引先の「商品の納期を2週間早めてもらいたい」という要望を疑ってみます。

もしかしたら、すべての商品を2週間早める必要はないかもしれません。商品の半分が2週間早まればOKで、残りの半分は後日でもかまわない、という可能性もあります。

商品の半分であれば、工場の空いている時間を工面してなんとか間に合わせることができるかもしれません。取引先に確認してみる価値は十分にあるでしょう。

八方ふさがりになったとしても、決してあきらめてはいけません。事実を疑ってスタートラインに立ち返れば、これまで見えていなかったような解決の糸口が必ず見つかります。

「ゼロベース」で考えると突破口が見える

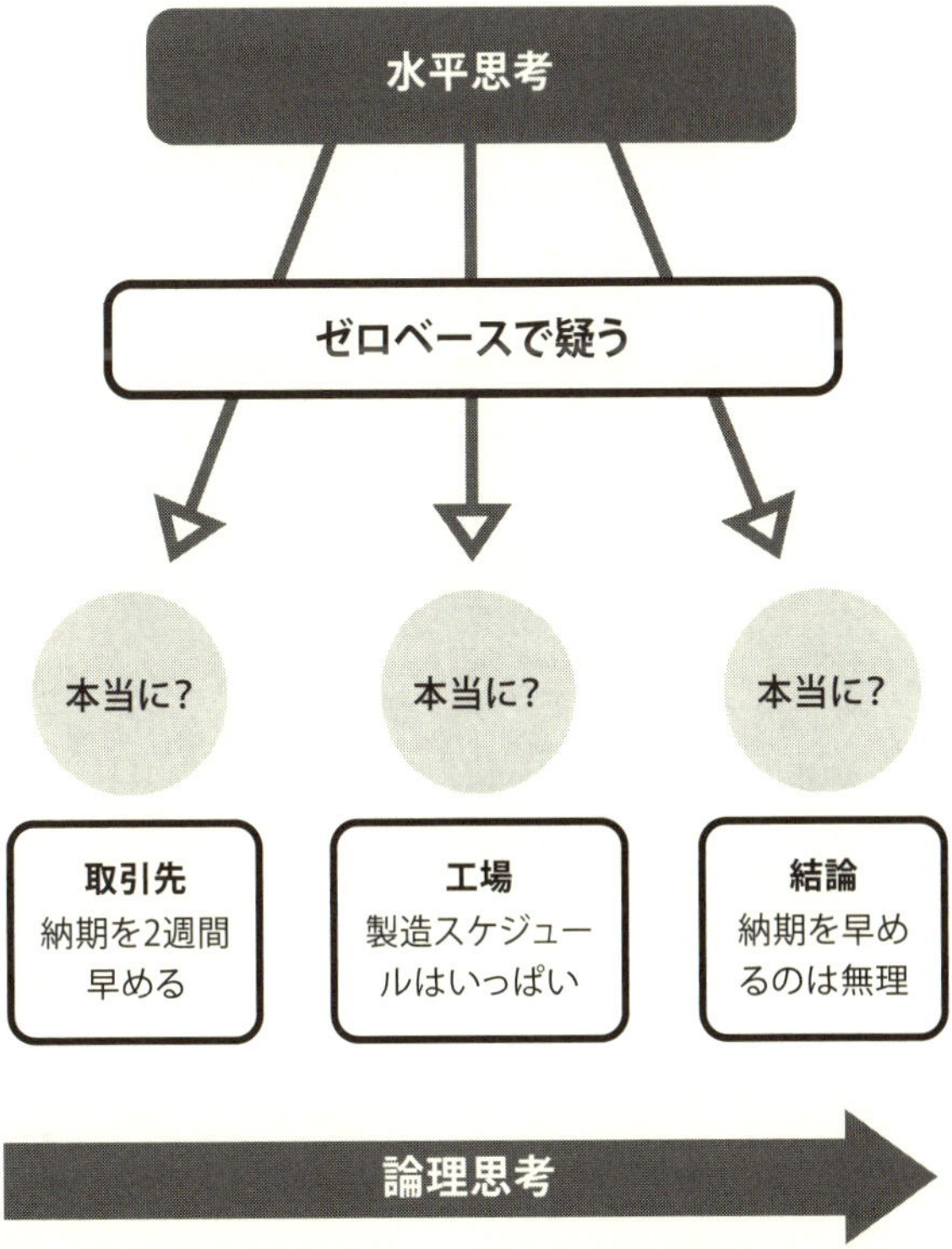
水平思考
ゼロベースで疑う
本当に?
本当に?
本当に?
取引先
納期を2週間早める
工場
製造スケジュールはいっぱい
結論
納期を早めるのは無理
論理思考

38のまとめ

全体を俯瞰する「水平思考」で考えよう

39

自分が「できないこと」を把握する

あなたは、自分の「強み」や「できること」を知っているでしょうか。営業力、コミュニケーション力、企画力など、人それぞれ得意なことがあります。

自分の「強み」や「できること」は、しっかり認識している人が多いかもしれません。

では、自分の「弱み」や「できないこと」は把握しているでしょうか。

ビジネスで成功するためには、「できること」だけでなく、「できないこと」、つまり「自分に不足しているもの」について考えることも重要です。

ちなみに私の弱みは、相手の懐にふっと入っていくようなコミュニケーションができないことです。だから、初対面で相手の心をがっちりつかみ、仕事がとれるような人には、とてもかなわないと自分で認識しています。

その代わり、私はその弱点を認め、人間関係がうまくいくようなしくみをつくることに注力しています。つまり、ブランディングやマーケティングをしっかりやって、相手から自動的に仕事の依頼が来るような環境を整えているのです。

多くの人は、「できないこと」に薄々気づいているかもしれません。しかし、誰もが自尊心があるので、自分の弱みは認めたくないものです。

一方、ビジネスで成功する人の多くは、「できないこと」を正面から見つめ、認めています。自尊心にとらわれることなく、冷静に自分を分析しているのです。

成功する人は、自分の現状を正確に把握しています。

「自分の能力はどのくらいか」
「まわりは自分に何を求めているか」
「自分が今、やるべきことは何か」

ということを自問自答し、自分の能力の限界を見極め、自分が注力すべきことを見定めています。

自分の「できないこと」を認められない人は、不得意なことにも力を使うので、なかなか成果が上がらず、仕事の効率も悪くなります。できないことにこだわりすぎると、結果が出ないので、周囲からの評価を落とすことにもなりかねません。

たとえば、会社を独立して起業をした人の例で考えてみましょう。

会社を興したAさんは、「できないこと」に目をつむり、「自分は何でもできる」と思い込んでいました。実際には、Aさんはアイデアが豊富で企画力があるけれど、コミュニケーションがあまり上手ではなく、営業の経験もほとんどありませんでした。

Aさんが販売する商品やサービスは、たしかに魅力的なものかもしれません。しかし、営業力が不足しているためにまったく売れない。これでは、成功はおぼつかないでしょう。

では、Aさんが自分の「弱み」が営業力であると、わかっていたらどうでしょうか。不足しているものが見えているのであれば、それを解決するための方策を考えるでしょう。

たとえば、独立する前に営業やマーケティングの勉強をする、いったん営業の仕事ができる会社に転職して営業の経験を積む、営業が得意なパートナーを探して共同で経営する、外部の営業会社に依頼する、といった選択肢をとることができます。自分の営業力を磨くか、あるいは、営業しなくても受注できるしくみを作るのです。

自分に足りないものがわかると、「進むべき道」が見えてきます。それは、失敗や危険を回避する道でもあるのです。

「弱み」を把握すれば解決の道が見える

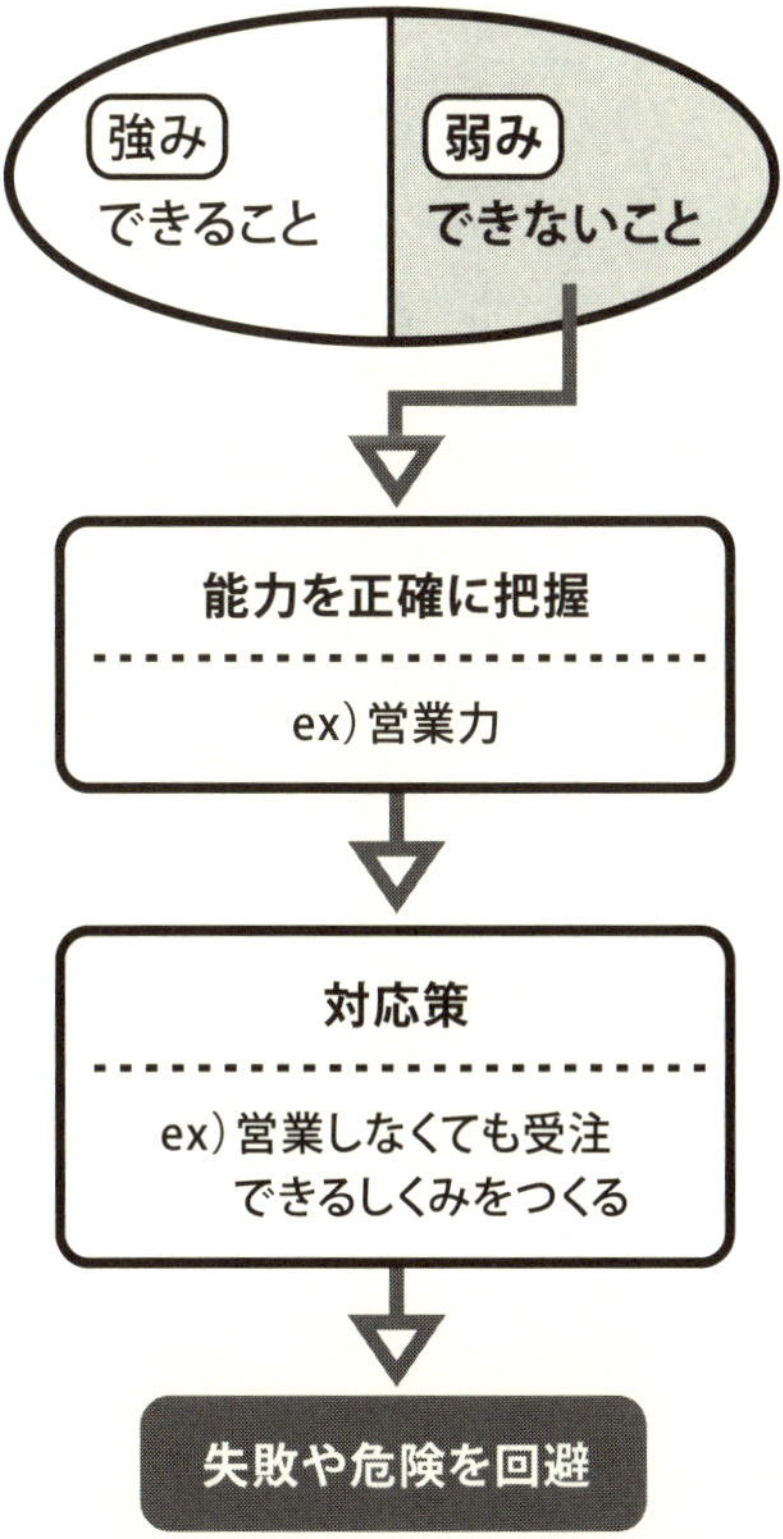
強み
できること
弱み
できないこと
能力を正確に把握
ex）営業力
対応策
ex）営業しなくても受注
できるしくみをつくる
失敗や危険を回避

39のまとめ

「自分ができないこと」を知る

40
苦手な人が苦手でなくなる方法

私が弁護士になったばかりの25歳のとき、とても頑固なクライアントがいました。こちらがいくら説明しても納得してくれない。そのときの私は、「この人は頑固だからしかたがない。私とは相性が悪いんだ」とあきらめていました。

結果として、裁判で不利な判決が出てしまいました。このとき私は、「クライアントを説得するために、どうするか?」という考えができなかったことを反省しました。

人間であれば、必ず好き嫌いがあります。誰もが気の合う人、苦手な人がいるはずです。プライベートであれば、苦手な人と距離をとることも可能かもしれませんが、ビジネスにおいては、そういうわけにはいきません。

上司とそりが合わないかもしれませんが、残念ながら上司を選ぶことはできません。また、取引先などの担当者が苦手なタイプであっても、こちらに拒否権はありません。大事なお客さまとして接しなければなりません。

苦手な人から逃れられないのであれば、その事実を受け入れてしまうのがいちばんです。そのうえで、苦手意識をなくすような方法や対策を考えたほうが賢明ではないでしょうか。

苦手意識をなくすためには、次のような質問を自分に問いかけるとよいでしょう。

「この人の長所を5つ挙げられるか？」
「その長所のうち自分がかなわないと思う長所はどこか？」

どんな人でも必ず長所をもっているはずです。仮にあなたの目には、「几帳面で、細かくて、ネチネチしている」と映っていたとしても、他の人の視点から見れば、「正確な仕事ができる」「面倒見がよい」と映っているかもしれません。

他の人の視点に立って考えてみることで、思わぬ長所を発見できるかもしれません。

そして、見つけ出した5つの長所の中で、「自分は持っていない」「自分はかなわない」という部分を探します。

自分がかなわないものをもっている人には、尊敬の念がわいてきます。すると、とたんにつき合い方が変わり、苦手だという意識が薄れていくものです。

また、苦手ではないけれど、相手の行動にイライラしてしまうこともあるでしょう。たとえば、部下が「締め切りの時間を守らない」「整理整頓ができていない」「遅刻が多い」といった行動が目立つと、どうしても「あいつはダメだ」と批判をしたくなります。しかし、批判をしたところで、問題は解決しません。批判された部下は不快な気分になり、人間関係がぎくしゃくするだけです。

このような相手の場合は、少しでも成長したところを探してあげることです。

「仕事をがんばっている」「企画書の内容がよかった」「締め切りを守った」など、ささいなことでもかまいません、大事なことは、それを本人に直接伝えてあげることです。

言われた本人は、悪い気分にはなりませんし、「気にかけてくれているんだな」と感じることができます。また、さらに「がんばろう」という気にもなるでしょう。

こうした何げない声がけが、人間関係の信頼を築くきっかけになることも少なくありません。

「苦手な相手」は長所に注目する

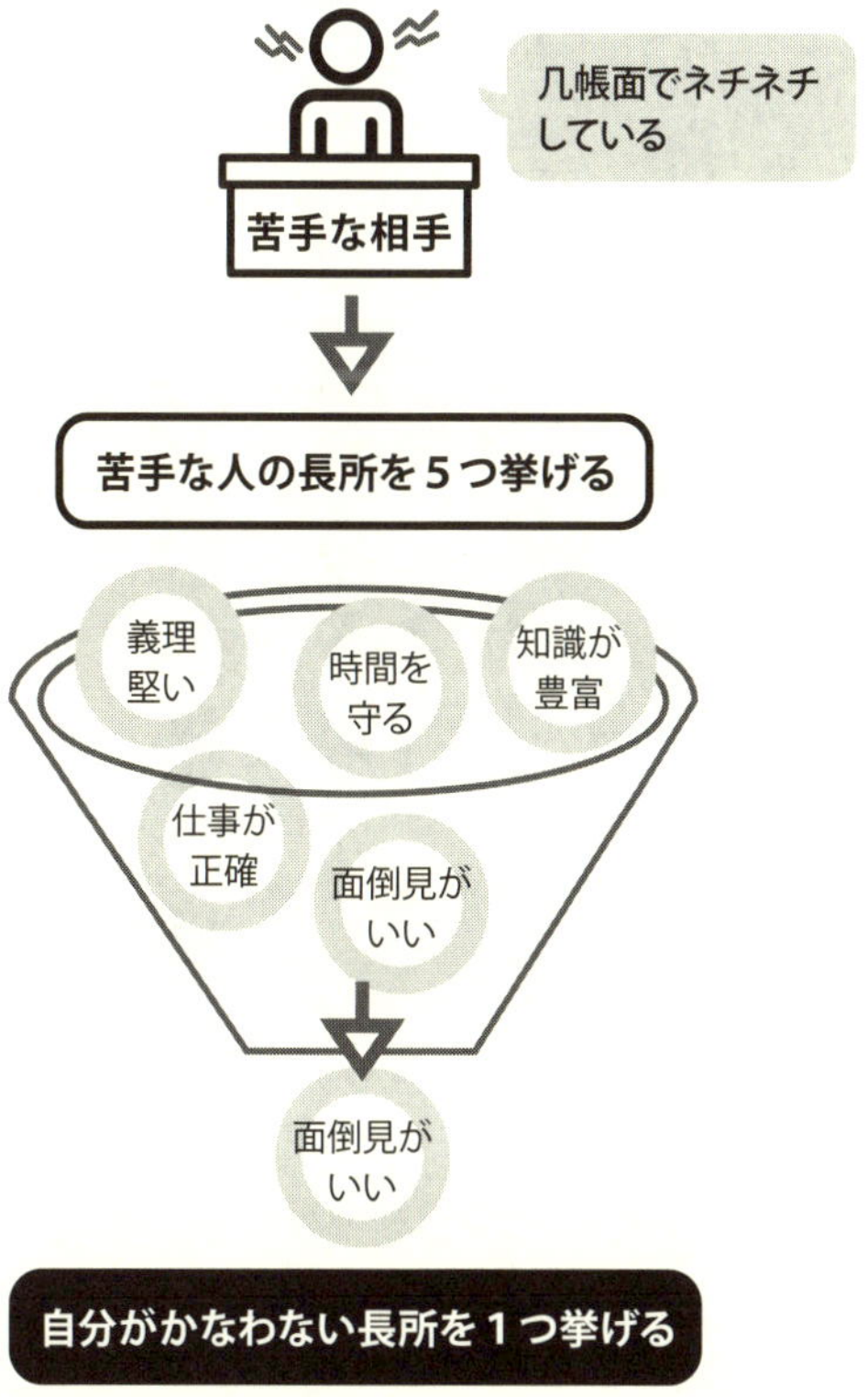
几帳面でネチネチしている
苦手な相手
苦手な人の長所を５つ挙げる
義理堅い
時間を守る
知識が豊富
仕事が正確
面倒見がいい
面倒見がいい
自分がかなわない長所を１つ挙げる

40のまとめ

苦手な人の「長所」や「かなわない点」を探す

第4章

危機管理力

危機管理力をつけるための、
左の10の項目のうち、
足りないものにチェックし、
その部分を読み直してみましょう！

Check!

31 危険を察知する習慣を持つ □

32 できるだけ多くのリスクを想定する □

33 「重要だが緊急でない仕事」に無理にでも着手する □

34 自分の感情をコントロールする □

35 環境に応じて自分も変化する □

36 「否定語」は使わない □

37 物事は「ポジティブな前提」で考えよう □

38 全体を俯瞰する「水平思考」で考えよう □

39 「自分ができないこと」を知る □

40 苦手な人の「長所」や「かなわない点」を探す □

第 5 章

自分を売り込む「ブランディング力」

41 ブランディング力の有無で成果が変わる

「弁護士」という職業に対して、「高収入で安定している職業」というイメージをもっている人は多いかもしれません。しかし、それはひと昔前の話です。

２００４年の法科大学院の創設などの司法制度改革をきっかけに、弁護士の数は急激に増えています。しかし、現在は、そこまで弁護士の仕事は増えていないのが現実です。

弁護士が増えているのに、仕事はそれほど増えていない状況になると、「弁護士＝高収入」といってあぐらをかいていると、たちまち「はやらない弁護士」になってしまいます。「司法試験に受かったから安泰」というのは、過去のものとなってしまったのです。

私が共同経営する事務所は、現在、18人の弁護士と11人の事務員が属しており、ありがたいことに、私自身も十分な収入を得ています。どちらかといえば、「はやっている弁護士事務所」の部類に入るかもしれません。

もちろん、これは、今までがむしゃらに働いてきた成果です。また、事務所のメンバーの努力とサポートがなければ、今の私も事務所もなかったはずです。

ただ、弁護士としての「ブランディング」に注力してこなかったら、現在の環境や収入を手に入れるのは難しかったと思います。もしかしたら、「はやらない弁護士」になっていたかもしれません。

私は、これまで電子書籍や共著も含めて25冊以上の本を出版しているほか、法律の専門家として新聞や雑誌などの取材も受けてきました。『報道ステーション』『スーパーJチャンネル』といったテレビのニュース番組にも解説者として出演してきました。

また、インターネットやメールといった手段を使って積極的に情報発信をしてきました。メルマガやブログなどはもちろん、最近ではツイッター、フェイスブックも活用していま す。今後は、動画配信など取り入れる計画もあります。弁護士としては、かなり積極的に情報を発信しているほうだと思います。

「弁護士業務で忙しいのに、よくそんなことをやっている暇があるね」とよく言われるのですが、暇だからやっているわけではありません。弁護士業務に必要だからこそ、寸暇を惜しんでブログの記事を更新したり、ツイッターでつぶやいたりしているのです。

私は、自らのブランディングのために情報発信をしています。なぜなら、ブランディングをしなければ、弁護士余りの時代に生き残ることは困難だからです。

一般の人にとっては、昔より弁護士が身近な存在になったといわれますが、それでも、「どの弁護士が、どの程度の能力をもっているか」を知る機会はかぎられています。たいていの場合は、人から紹介してもらったり、「できそうに見えるかどうか」で依頼するでしょう。**だからこそ、自分が「他人からどう見えているか」が重要なのです。**

弁護士にかぎらず、どんな仕事でもブランディングは必要な時代です。「どれだけの力をもっているか」「何が専門分野なのか」「この人は自分の役に立ってくれるのか」がわかる人に仕事を頼みたいと思うのが通常でしょう。

前に、私は「営業が苦手」と書きましたが、だからこそ、営業しなくても仕事を依頼されるしくみを作る必要があり、それがブランディングだったのです。

ブランディングを重視する人ほど、仕事が集まってくるのです。

「他人からどう見えているか？」を意識する

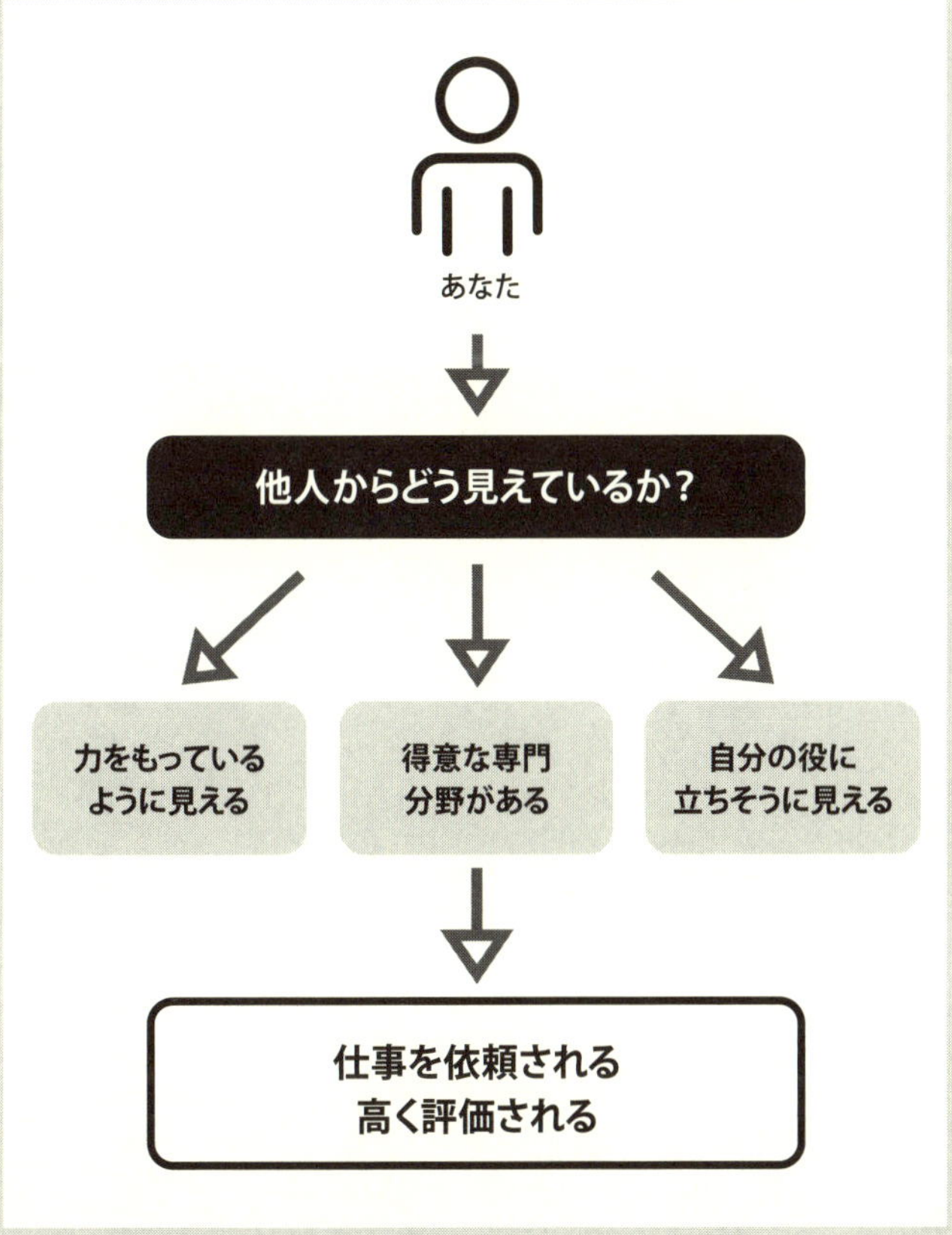
あなた
他人からどう見えているか？
力をもっている
ように見える
得意な専門
分野がある
自分の役に
立ちそうに見える
仕事を依頼される
高く評価される

41のまとめ

これからの時代
「ブランディング」は絶対に必要

42

小さなチャンスにブランディングのきっかけが眠っている

「チャンスをつかみ取れるかどうか」は、ビジネスでの成否を大きく左右します。「大きなチャンス」というのは、物事の裏側に隠されていることが多く、人生のうちにそんなにたくさん訪れるものではないかもしれません。

一方、「小さなチャンス」は、いたるところに潜んでいるもので、見えるところにあるのに、気にとめていないから見えないだけ、というケースが少なくないように思います。

ところが、多くの人は、小さなチャンスが目の前にあるのに、それをみすみす見過ごしてしまいます。突然、目の前に「大きなチャンス」があらわれることは、めったにありません。「小さなチャンス」にチャンレンジし続けた結果、「大きなチャンス」をモノにするというのがほとんどではないでしょうか。

小さなチャンスに果敢に挑まないかぎり、大きなチャンスはずっと手にすること

ができないのです。

私は「小さなチャンス」に積極的に飛びついたのがきっかけで、自分のブランディングづくりの糸口をつかむことができました。

弁護士になって2年ほどしたときの話です。当時は、事務所の勤務弁護士として忙しく働いていました。徹夜をして仕事を終わらせることも少なくありませんでした。

そんなとき、ある住宅雑誌から「法律情報について連載をしてみませんか?」と声がかかりました。正直に言うと、当時は多忙を極めていたので、時間をとられてしまう連載の仕事を受けている余裕はありませんでした。まわりの勤務弁護士も、同じように忙しかったので、執筆の仕事を受けている人はいませんでした。したがって、せっかくのお話でしたが断るつもりでした。

ところが、「これは、もしかしたら何かのチャンスかもしれない」とふと感じたのです。執筆をすることは、弁護士にとってブランドづくりの一環になる、という発想が以前から頭の片隅にあったからです。

結局、この連載を引き受けることにしました。すると、その連載を読んだ編集者から書籍の執筆の依頼が舞い込み、28歳ではじめて自分の著作を出版することができました。

その後、自分で企画書を書いて30歳で『他人を意のままにあやつる方法』を出版し、それがきっかけで、次々と書籍の執筆依頼が来るようになり、同時並行的にテレビ、雑誌、新聞などの取材も増えていきました。メディアでのブランディングが、さらなる仕事の拡大につながりました。

つまり、「小さなチャンス」と思われた雑誌の連載の仕事が、「大きな仕事」に育っていったのです。忙しさにかまけて連載を断っていたら、それ以降のチャンスは決してやってこなかったでしょう。


ビジネスでも同様です。

たとえば、上司から雑用的な仕事を頼まれたとしましょう。

そこで、いやいや仕事を片づけていては、ただ単に雑用をこなしただけで終わってしまうでしょうが、積極的に引き受けて上司の期待以上の仕事をすれば、「彼は、雑用も一生懸命にやる」という評価につながり、大きな仕事を任せてくれるようになるかもしれません。

小さなチャンスを大事にすることを心がけるようにしましょう。

「小さなチャンス」の先に「大きなチャンス」がある

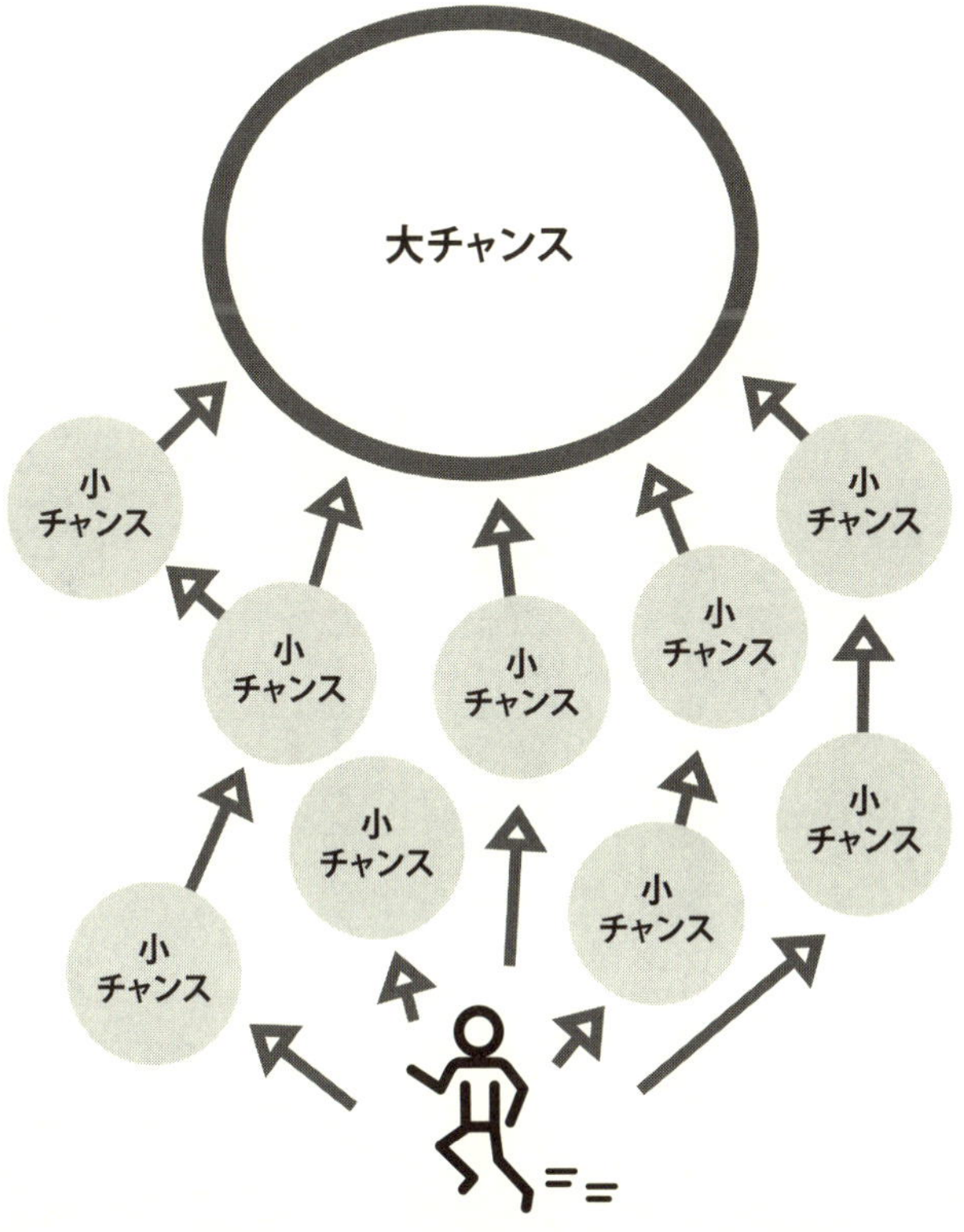

42のまとめ

小さなチャンスに果敢に挑む

43 ブランディングも業務の一環と考える

ブランディングの重要性が叫ばれているにもかかわらず、多くの人はブランディングを実際には行動に落とし込んでいないように感じます。

たしかに、視聴率の高いテレビ番組に出演することなどを除けば、ほとんどの場合、ブランディングはすぐに業績に結びつくものではありません。だから、「業務が忙しいから」とついつい後回しにしてしまいます。

たとえば、ブランディングの一環として、ブログをはじめたとしましょう。しかし、文章を書くことに慣れていないと、記事を更新するのは骨の折れる作業です。よほどのモチベーションがないと、継続できずに途中で更新が止まってしまうでしょう。

もしも継続できたとしても、1カ月に一度しか更新しないのでは、なかなか目にとめてもらうことはできません。

多くの人が、「ブログやメルマガ、ツイッターは時間があるときやればいいだろう」という程度の認識しかもっていないようですが、これでは自分のブランドを確立するのは、ほとんど不可能といってもよいでしょう。

ブランディングを片手間で行なっていては、いつまでたっても自分が望むブランドを世間に認知させることはできません。

そのため、私の場合は、ブランディングを業務の一環と考えています。もちろん、本来の弁護士業務がいちばん重要なのですが、弁護士業務を充実させるためにも、自分や事務所の情報発信をして、ブランドを確立することを大切な仕事ととらえていたのです。ブランドを確立できれば、望む仕事の依頼が来るようになり、本来の業務も充実したものになるのです。

したがって、メルマガやブログなどの文章も「気が向いたら書く」のではなく、無理でも時間をつくって作成していました。また、テレビの数十秒のコメントや雑誌の小さな記事の取材なども、できるかぎり受けるようにしていました。

このような小さな仕事を大事にすると、テレビ局や出版社の人にから「小さな仕事だけれど、的確なコメントをしてくれる」という印象につながり、次の仕事を依頼されやすくなりますし、その番組や記事を見た他のメディアの人々から別の依頼が舞い込むこともありました。

ブランディングは、長期間にわたって、あらゆる手段を使って実践していくものです。一朝一夕では確立できません。

ですから、ブランディングを後回しにしてしまうと、いつまでたっても、明確なブランドを築き上げることができません。ブランディングは、手を打つのが早ければ早いほど、ライバルに差をつけることができるのです。

会社員の人でもソーシャルメディアなどで情報発信できますし、ましては独立起業をした人、フリーランスの人は、情報発信によるブランディングが必要不可欠です。ブランディングができている人ほど仕事が集まるのが現実です。「このように見られたい」という自らのブランドを構築するために、ブランディング戦略を考え抜きましょう。

そして、それを事業計画やスケジュールに組み込み、本気で実行するのです。片手間で行なうものという意識から脱することが、自らのブランディングを構築する第一歩です。

ブランディングは業務に組み込む

■ブランディングを片手間に行なう人

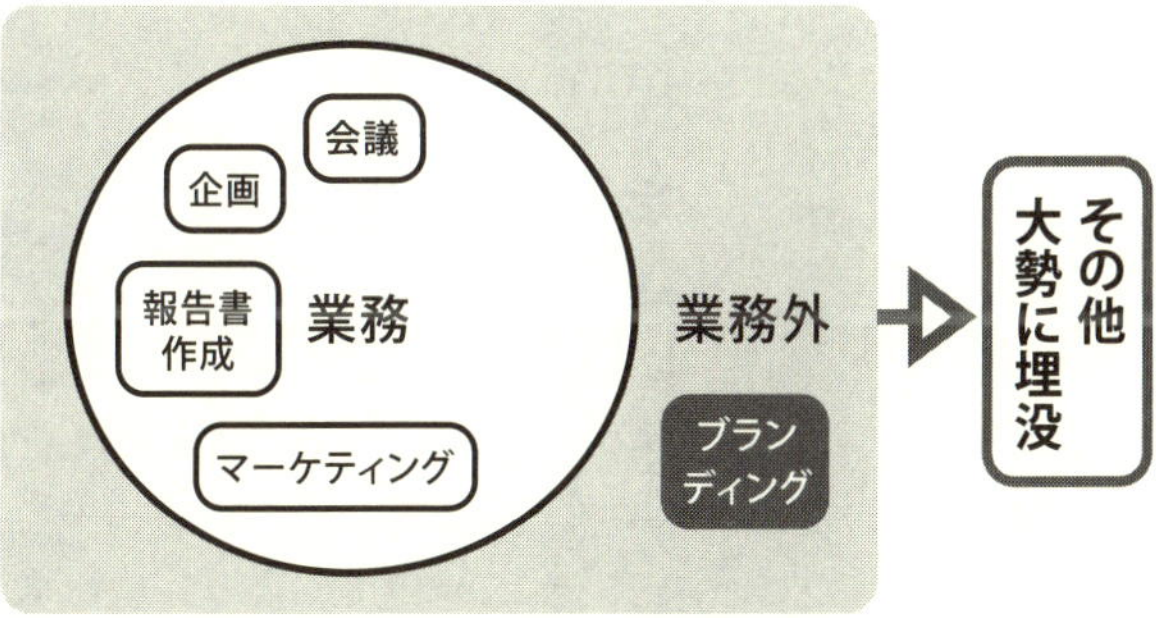
会議
企画
報告書作成
業務
マーケティング
業務外
ブランディング
その他大勢に埋没

■ブランディングを業務として行なう人

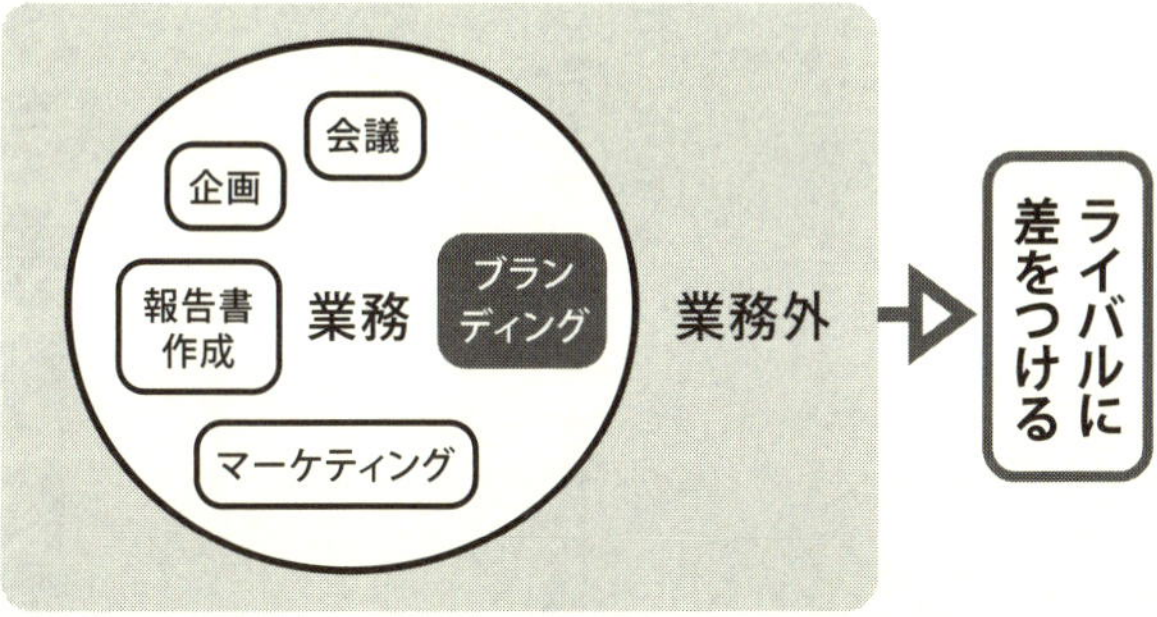
会議
企画
報告書作成
業務
ブランディング
マーケティング
業務外
ライバルに差をつける

43のまとめ

ブランディングも業務の一環

44

ブランディングで短所を長所に変える

人は誰もが長所と短所をもっているものです。一般に仕事ができる人といわれる人は、長所をとことん伸ばし、成果を上げているものです。

一方で、仕事ができる人は、短所をうまく活用しています。中には、ブランディングによって、短所を長所に変えてしまう人もいます。

当時25歳だった私の短所は、弁護士としては童顔だということでした。つまり、年齢よりも若く見られてしまうことで、クライアントに「この弁護士、大丈夫かな?」という印象を与えてしまっていたのです。

当時、勤めていた弁護士事務所のクライアントの多くは、50代以上の方々ばかりでした。ですから、中には自分の息子と同じような風貌の私に不安を覚える人もいたようです。

実際に「本当に大丈夫ですか？」「他の弁護士さんにも確認してもらえますか？」などと言われ、悔しい思いをしたこともあります。

多くのクライアントは、人生の一大事の渦中にあります。今後の人生を左右するような案件であればあるほど、信頼できる弁護士に頼みたいと思うのは当然です。しかし、私の立場からすれば、「信頼をしてもらえない」というのはとてもくやしいことでした。

同じ弁護士資格をもっているにもかかわらず、見た目が若いからという理由で、他の弁護士よりも能力が低いと思われることに我慢できませんでした。

そこで、私が考えたのは「若い、経験がない」＝「能力がない」というイメージを払拭《ふっしょく》するためのブランドづくりでした。「若いけど、切れ味がある」というイメージを与えることができれば、クライアントの信頼感を獲得できるのではないかと考えたのです。

このとき、「若いから、フットワークがいい」「若いから、元気がある」ということをアピールする人もいますが、あまりにストレートすぎます。実際に若ければ、フットワークを軽くするのも、元気に振る舞うのもそれほど難しくありません。当たり前すぎます。

しかし、「若いけれど、切れ味がある」「若いけれど、説得力がある」「若いけれど、

交渉力がある」というイメージをもてば、他の年配ベテラン弁護士やただ若いだけの弁護士との一線を引くことができ、逆に若いことがプラスの方向に作用します。

たとえば、強面の人が電車の座席をお年寄りに譲っているのを目撃したら、「すごくいい人だ」と強烈に印象に残ります。いかにもやさしい雰囲気の人が同じことをしたときよりも、インパクトは大きいでしょう。つまり、外見と中身のギャップをつくることは、ブランドディングをするときにも大いに役立つのです。

したがって、私は「若いけれど、切れ味がある」というイメージを抱いてもらうために、交渉や説得、ディベートといったテーマの本や記事を書き続けたのです。

当時は本を出版する弁護士が少なかったこともあり、クライアントは私が本を出していることを知ると、「若いけれど、すごいですね」と言ってくれるようになりました。

仕事をするうえで欠点だと思っていることがあれば、それをカバーするようなイメージを相手に与えるとよいでしょう。

たとえば、口ベタな営業マンでも、じっくりと相手の話を聞いてニーズを引き出してセールスをすれば、「口ベタだけれど、説得力がある」と評価してもらえます。

短所を長所に変える

短所　プロジェクトがうまくいかない

↓

ブランディング

↓

長所
- 若いけれど、切れ味がある
- 若いけれど、説得力がある
- 若いけれど、交渉力がある

↓

信頼感、高評価

44のまとめ　**ブランディングで短所も長所にできる**

45 自分の得意分野をとことん磨く

個人のブランディングをする際に重要なのは、他の人から「どのように見られたいか」を考え抜くことです。

自分のブランディングを考える際には、「その道の専門家として見られる」ことを重視してください。つまり、「このテーマはこの人に聞けばいい」「このジャンルはこの人に任せておけば大丈夫だ」と相手に思わせるのです。

私の場合は、「交通事故の専門家」になるためのブランディング戦略を考えました。

まず、交通事故に特化したホームページをつくり、専門特化した情報を発信していきました。また、交通事故に特化したメルマガも配信するようになりました。

当時の他の弁護士事務所は、ホームページはもっていても、事務所の概要や弁護士のプロフィール、簡単な業務内容を紹介する程度で、一般の人が見てもわかりやすい法律情報を掲載しているところはあまりありませんでした。

また、メルマガやブログを書いていたとしても、「今日は、○○をした」といった日々の出来事をつづる日記の域から出ないものが多かったのです。

だからこそ、効果てきめんでした。実際に、ホームページやメルマガを読んだ人から、依頼が舞い込むことも少なくありませんでした。これはクライアントに「交通事故の専門家」と思わせることに成功した結果といえるでしょう。

もしも事務所のホームページに、「各種訴訟案件を扱っています。気軽にご相談ください」と書いてあっても、依頼する立場になってみれば、「何を依頼すればよいのだろう?」と不安になってしまうでしょう。「なんでもできます」は、ブランディングとはいえません。

ビジネスでも同じです。入社間もないころは、「なんでもやります」という姿勢は大切ですが、ある程度経験を積んだら、専門分野や得意な分野を極めることが必要になります。

たとえば、化粧品の開発をしているのであれば、あれもこれもと手を出すのではなく、「60歳以上の高齢者向けのファンデーション」というように分野を狭めます。

そうすれば、仕事に一貫性が生まれるので、ターゲットが喜んでくれるような商品を開発しやすくなりますし、社内でも「高齢者向けの化粧品については、あの人に相談すればいい」というように、自分のポジションを確立できるでしょう。

また、今は営業部に所属しているけれど、将来はマーケティングの仕事をしたいという方であれば、報告書にマーケティングの視点を入れたり、会議などの席でマーケティングの視点に立ったアイデアを出したりします。「わが社のマーケティングはこうするべきだ」とレポートを書いて、上司に見てもらってもよいでしょう。

そうすると、「彼は、マーケティングの仕事が向いている」という上司の評価につながり、希望の部署に異動できるかもしれません。

あなたは、どのような専門家になりたいでしょうか。

方向性が定まったら、あらゆる機会を通じて、その道の専門家と思われるような言動をとるようにすると、少しずつ自分のブランドを確立していくことができます。

専門分野をとことん磨く

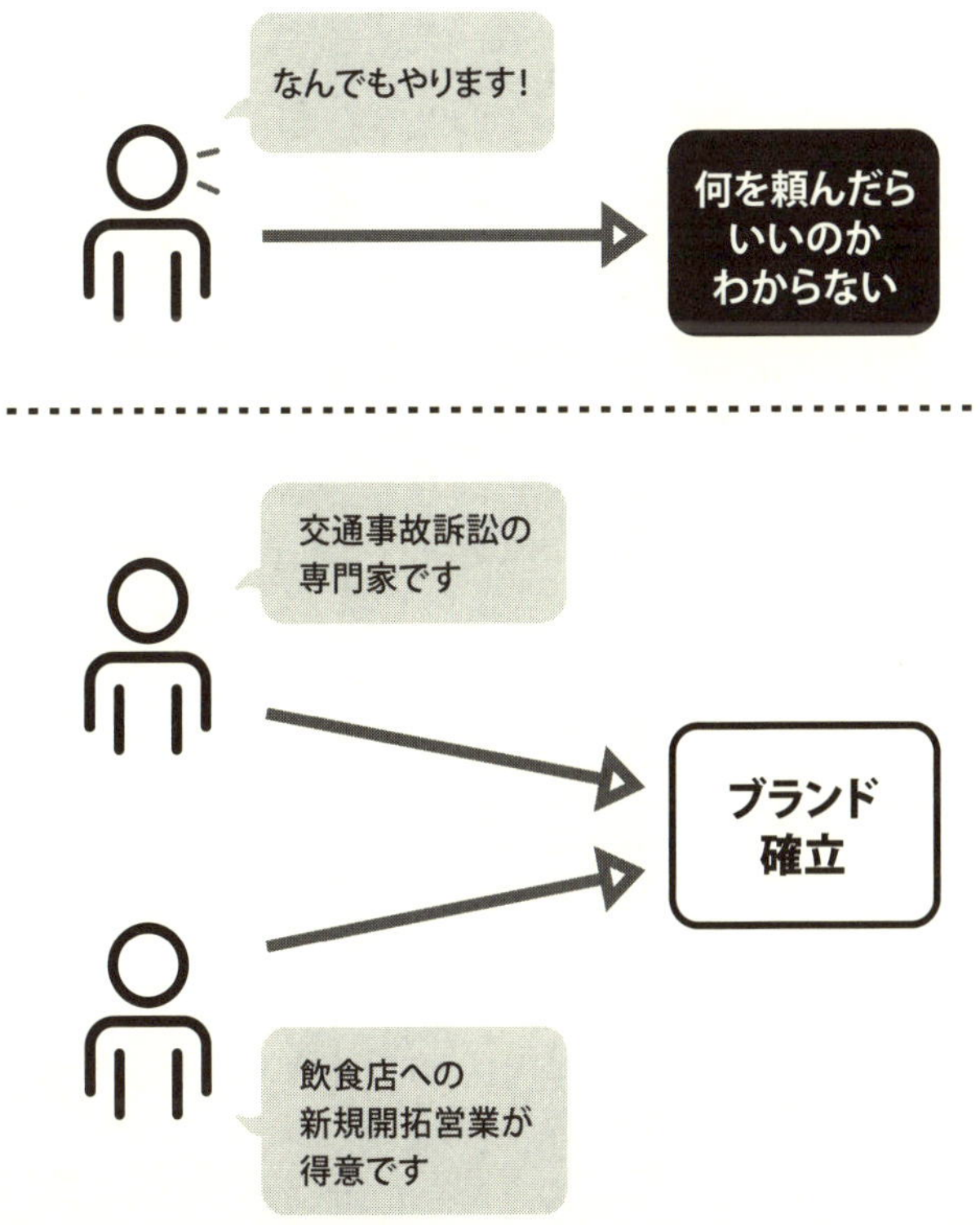
なんでもやります!
何を頼んだら
いいのか
わからない
交通事故訴訟の
専門家です
ブランド
確立
飲食店への
新規開拓営業が
得意です

45のまとめ

「その道の専門家」になる

46 情報発信でも相手のことを考える

テレビで意見を求められたコメンテーターや解説者が、難しい言葉で説明していて何を言おうとしているか、さっぱりわからないというシーンがよくあります。これは、私に言わせれば、視聴者の期待に応えられていないダメな例だといえます。

私が過去の取材経験からわかることは、**事件やニュースの解説者に求められているのは、「わかりやすさ」と「専門家としての独自の視点」**だと思います。

司会者や取材者が、専門家に解説を求めるのは、おもに事件やニュースをひも解いて、誰もが理解しやすいように説明してもらいたいからです。このような意図をくみ取らずに、自分の話したいことをまくしたてたてしまう人が少なくありません。

もちろん、相手に迎合する必要は一切ありませんが、取材を受けるときは、相手の視点に立つことが重要です。

ただし、単にわかりやすければいい、というものでもありません。事件に関する法律的な見解を聞かれた弁護士が、法律的なコメントをせずに、「これは悲しい事件ですね」などと一般論に終始していては、弁護士に聞いた意味がありません。弁護士としての視点を入れなければ、取材者も視聴者も納得しないでしょう。

私もテレビや新聞などからコメントを求められることがありますが、このとき気をつけているのは、やはり取材者の意図をくむことです。そのうえで、視聴者が「へぇー、法律家が考えるとこういうことになるのか！」と感心してくれるような法律的な見解をまじえながら、わかりやすい言葉で説明するように心がけています。

ちなみに、テレビの取材では30分、1時間と取材を受けることもありますが、実際に放送で使われるのは数十秒から長くても数分です。**そのため、どこを編集で切り取られても誤解を与えないように話すのも大事なポイントです。**

テレビのインタビューを例にしましたが、ここで私が言いたいのは、いくら情報発信をしても、相手に伝わらなければ意味がない、ということです。

弁護士の中には、クライアントに対して、とても難解な言葉を使う人がいます。相手ワールではなく、自分ワールドで話をするので、法律知識のない相手はまったく理解できません。

たとえば、「消費者金融への過払い金は取り戻すことができる」ということを説明する際に、「利息制限法によると、法定利率を引き直し法定充当していくと、不当利得返還請求権が発生する」というように、法律用語で説明する方がいます。

これでは、クライアントが理解できない可能性が高いので、コミュニケーションもうまくいきません。


これは、ビジネスでもいえることでしょう。

たとえば、お客さまに売りたい商品のアピールをするときに、専門用語を使って、一方的に言っても、相手は買いたいという気持ちにはなりません。

「この商品を使うと、御社にはこんなメリットがあります」と相手の立場に立って、わかりやすい言葉で説明したほうが伝わりやすいでしょう。

社内の言葉と社外に向けた言葉の使い分けができるようになると、あなたの情報発信力とコミュニケーション力は、大きく向上するはずです。

専門用語はわかりやすい言葉に変換する

自分ワールド

当社の提供するERPを導入すれば、
社内業務の全体最適が図れ、
なおかつCRMの強化という
ソリューションにも
寄与できます……

→ **わかりにくい！**

相手ワールド

当社の提供するITシステムを
導入するメリットは2つです。
ひとつは、社内業務が効率化され、
平均約3割のコストダウンが可能です。
もうひとつは、顧客満足の一層の
強化です……

→ **わかりやすい！**

46のまとめ 情報発信は相手のことを考える

47 読み手に合わせるのが本当の文章力

先ほど、「いくら情報発信をしても、相手に伝わらなければ意味がない」と述べましたが、これは文章を書くときにもいえることです。つまり、文章を書くときも相手の立場に立つことが求められます。

ある出版社の編集者から聞いた話によると、一般の読者向けの本なのに、中には、とても難解な原稿を書いてくる人がいるそうです。これも読者のニーズや編集者の意図をくまずに、独りよがりの文章を書いてしまった例といえるでしょう。

論理が破綻しているために読みにくい文章は論外ですが、弁護士が普段書いている裁判文書や書類というのは、法律にあてはめて論理を重んじた書き方をするものなので、論理が通っていないということはあまりないと思います。

先ほどの難解な原稿を書かれた人も、本人の頭の中では「論理的な読みやすい文章」ということになっているかもしれません。しかし、それは「自分自身にとって読みやすい文章」ではあっても、「一般の読者にとって読みやすい文章」ではないのです。

一般的に、弁護士が書く裁判文書というのは、当然のことながら専門用語のオンパレードで、漢字も多く、さらに、一文がとても長く、改行なども少ないものです。つまり、「読みやすさ」という観点からは、あまりよくない文章なのです。

私の場合、裁判文書については、法律家が理解しやすい文章を書き、書籍やブログ、メルマガなどは、誰もが理解しやすい文章を書くように心がけています。

具体的には次のことに気をつけています。

- **改行を増やす**
- **一文を短くする**
- **専門用語はできるだけ一般的な言葉に置き換える**
- **難しい表現はできるだけかみくだく**

また、文章は最初から最後まで読んでもらわなければ意味がないので、文章のはじめと終わりにとくに気を使っています。

たとえば、メルマガやブログを書く場合も、淡々と書きたいことをつづるのではなく、読む人の立場になって、冒頭で引きつけるような入り方をして、最後はちょっとした「オチ」で終わるようにしています。

書籍やブログにかぎらず、**どんな文章を書く際にも、「読む人にどんな感情を抱いてもらいたいか」に思いをめぐらすことがポイントになります**。

たとえば、企画書を作成する場合は、データなどをそろえて、客観的な分析を記述することも大切なことです。しかし、それだけでは十分ではありません。

企画書は、「この企画をやってみたい！」「このアイデアには夢がある！」というように、人をワクワクさせるような要素も求められます。だから、「絶対、実現したい！」といったあなたの熱い思いを文章にのせることも必要なのです。

文章の目的や相手によって、書き方は使い分けなければなりません。

裁判文書と一般向け文書の比較

■裁判文書の一部

1,→ 本件土地は、もと父○○の所有であったが、同人より原告(兄)が平成10年1月5日に売買により所有権を取得し、同日所有権移転登記をした。

2,→ 本件建物は、昭和43年9月に新築完成した建物であるが、この建物を建築するについては、父の家業である衣料品店を被告(弟)がつがなかったことから、被告が一人立ちできるようになるまで好意で本件土地一、二のうえに本件建物を建築させるよう親族間で話し合った結果建築されたものである。したがって、本件建物を建築するにあたっては、賃貸借契約も使用貸借契約も成立しておらず、単に親族間の情誼により土地の使用を認めてきたものである。したがって、被告には、法律上の使用権原が存在しないものである。

■上の内容をブログなど一般向けの文書にしたもの

【事件の概要】

この事件は、原告である兄が、被告である弟に対して、「弟の自宅を撤去して出て行け」と求めた裁判です。


【争点】

弟が土地を使用していることが、「賃貸借契約」(賃料を払って使用する契約)または「使用貸借契約」(無償で法的に使用する契約)と認められるかどうか、です。

契約が認められれば、弟は、土地を使ってよいことになるし、契約がなければ、弟は出ていかなければなりません。


【兄の主張】

そもそも、この土地は、父親のものでしたが、平成10年1月5日に、兄が買い取りました。その土地の上に弟は、昭和43年9月に自宅を建てています。この経緯は、次のとおりです。

父の家業は衣料品店でした。この衣料品店は兄が継ぎ、弟は継がず、弟には生活の糧がありませんでした。そこで、親族で会議をして、弟が独り立ちできるまでは、この土地を弟に自宅として使わせてやり、独り立ちできるようになったら、この土地から出て、自分で自宅を建築する、という約束をしました。つまり、弟がこの土地を使えるのは、賃料を支払っているわけでもなく、単に親子親族の情に基づくものなのです。

47のまとめ　文章は読み手に合わせる

48

ブランディングにも先見力が必要

ブランディングにも、先見力が必要になります。普段から世の中の変化にアンテナを張りめぐらせておいて、将来の動きを自分の仕事に置き換えて考えるのです。

私が自分自身のブランディングのために、メルマガやブログをはじめたのは、2004年のことです。当時、メルマガやブログは世間的にはブームになっていましたが、弁護士の中で、これらを積極的に活用している人は、ほとんどいませんでした。

私が、これらのツールをブランディングの手段として活用しようと思ったのは、**「これからは、クライアントと顔を合わせる前に、自分のブランドを確立しておくのが当たり前の時代になる」**と予測したからです。

当時は、情報を求める人がインターネットで情報を検索することがだんだんと増えてきていました。そこで私は、専門分野である交通事故訴訟に関する情報や弁護士の仕事に関することをメルマガやブログを通じて提供することにしました。

それに合わせて、「○○新聞に取り上げられました」「○○という書籍を刊行しました」といったパブリシティー情報も積極的に紹介しました。

すると、交通事故による補償の問題やトラブルを抱える人たちの検索に、私のブログやホームページが表示されるようになり、実際の依頼にもつながってきました。

当時、ブログやメルマガで日記的な内容を書きつづっている弁護士はいましたが、私は、将来クライアントとなる人に向けて、一貫して情報を提供していました。

現在は、ツイッターやフェイスブックといったソーシャルネットワークがブームとなっています。私はすでに両方ともはじめていますが、これも先を読んだうえでの戦略です。

今、ビジネスの世界では、仕事をする前に、「この人がどういう人か」を知ったうえで依頼をする時代になりつつあると考えています。

つまり、ネット上で相手の人柄や得意分野、専門性などを知ってから、リアルの世界で仕事を一緒にするということです。業界によっては、すでにそのような状況になっているかもしれません。

しかし、弁護士の業界は、ほとんどの場合「後追い」なので、こうした傾向が顕在化するのは、もう少し先になると思っています。実際に、弁護士の中で、ツイッターやフェイスブックをやっている方は、まだ少数派に違いありません。

それに合わせて、これまで仕事のことやパブリシティー情報を中心に提供してきたブログも、最近は人となりが垣間見えるような自分の「色」を出すようにしています。

将来、私の先読みが的中するかどうかはわかりませんが、私は自分の予測に確信をもって取り組んでいます。もしも、「まわりが動いてから自分もはじめればいいや」という姿勢でいたら、その他大勢に埋もれてしまうでしょう。


「こうなるに違いない」と先読みしたら、すぐに行動に移すことがポイントです。

ブランディングに関することや、将来に問題が顕在化するであろうことは、重要性は高いけれども緊急性は低いので、どうしても後回しにしがちです。それでも、自分の将来を考えて今すぐにでも取り組みましょう。

私のブランディングにおける「先読み」の例

先読み①

クライアントと顔を合わせる前に、
自分のブランドを確立しておくのが
当たり前の時代になる

↓

- 交通事故訴訟や弁護士の仕事の情報をメルマガやブログで提供
- パブリシティー情報の紹介

先読み②

仕事をする前に、
「この人がどういう人か」を知ったうえで
依頼をする時代になる

↓

- ツイッターやフェイスブックでの情報発信
- ブログでは、人となり（色）が垣間見える内容を提供

48のまとめ

ブランディングにも「先読み」が重要

49 外見のコントロールもブランディング

相手に情報や印象を与えるという意味では、外見など見た目のコントロールもブランディングの一種だといえます。

弁護士は、ある程度、自信満々に見せたり、冷静沈着で感情に流されないような印象を与えなければいけません。でなければ、依頼するクライアントは「この弁護士は大丈夫だろうか」と不安に感じるでしょうし、法廷での印象もよくないでしょう。

しかし、現実には、法廷でも下を向いてボソボソと話す人、首を曲げただらしない姿勢をとる人、沈んだ顔をしていて覇気が感じられない人も少なくありません。

裁判というのは真実を争うものなので、弁護士の雰囲気や態度は、直接は判決に関係ありませんが、通常のビジネスの場合は、印象が大きく成果を左右することになります。

お客さまとすれば、暗い雰囲気の営業マンよりも、明るくてさわやかな雰囲気の営業マンから商品を買いたいと思うものです。また、自信がなさそうに小さな声で話すプレゼンターの企画よりも、自信満々にハキハキと主張をするプレゼンターの企画のほうがよい印象を受けるはずです。

ビジネスにおいては、できるだけ相手に好印象を与えるよう外見をコントロールすることを心がける必要があるのです。

好印象を与える方法は2つあります。

ひとつは、内面から変える方法です。

「こういうふうになりたい」という理想を心に強くもち、そのような行動をとると、いわゆる「オーラ」があらわれます。

たとえば、目標とする上司がいたら、「上司なら、このようなケースではどんな行動をとるだろうか」と常に考えながら、行動に落とし込んでいくのです。

もうひとつの方法は、外見から変えていくことです。

少々乱暴なことを言えば、うわべを変えることで、内面を変えるのです。

内面というのは、外にあらわれます。悩みやトラブルを抱えている人は、見た目もどんよりと沈んだ雰囲気がにじみ出ているものです。こういう精神状態のときは、明るく元気に振る舞おうと思っても、なかなかそんな力はわいてこないでしょう。そこで、外見から少し強引に変えてしまうのです。

心理学には、「認知的不協和解消理論」という言葉があります。

自分の中に矛盾を抱えていると、その状態を不快に感じ、矛盾を解消しようとします。つまり、自分にとって変えやすいどちらか一方を変えることによって、両方が協和した状態に導こうとするのです。

この理論を前提にすれば、外見を意識的に変えることによって、内面との矛盾をつくり出せば、内面も外見に合わせて変わることになります。

プレゼンや営業など第一印象が大きく作用するシーンでは、まずは外見から変えることからはじめましょう。

ハキハキと明るい感じで、自信たっぷりにアピールできれば、相手の心をつかむことに成功するでしょう。

好印象を与える2つの方法

1 内面から変える

行動や雰囲気も
理想の上司に
近づいていく

2 外見から変える

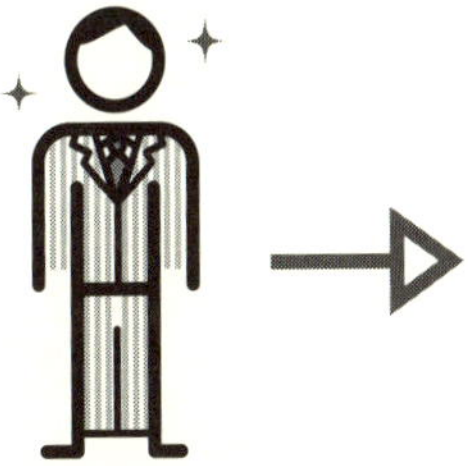

内面的にも
自信が
わいてくる

49のまとめ

**中身だけでなく「外見」も
ブランディングする**

50 自分の趣味ではなく、相手が望むものを身につける

私が自分自身のブランディングの大切に気づいたのは、28~30歳のときです。当時、私は年齢のわりに童顔だったので、クライアントから信用されないことに悩んでいました。

このとき、まず信頼を得るためにはじめたことのひとつが、外見を変えることでした。といっても、整形手術をして顔を変えたわけではありません。服装など身につけるものを変えたのです。

身につけるものを選ぶ基準は、**「クライアントが好印象をもつかどうか」**です。

クライアントの視点に立てば、相談相手である弁護士は、信頼感があって、自信に満ちていたほうが安心するものです。チャラチャラとしたラフな格好や、安っぽいよれよれのスーツを着ていては、そのような印象を与えることはできません。

だから、カタログやファッション誌などを参考にして、スーツは黒や紺など落ち着いた色にし、きっちりとした雰囲気や清潔感を与えることを心がけました。

また、時計やくつ、かばんなども、安っぽいものから、高級感のあるブランドものに変えました。

正直に言うと、当時は、自分なりの好みの服装がありました。しかし、クライアントにとっては、自分の趣味は関係ありません。あくまでも、「クライアントがどういう感情を抱くか」が重要なのです。

中には、「ファッションは自分らしさを出すのがいちばん」「自分はファッションセンスに自信があるから大丈夫」と思っている人もいるかもしれません。

そのような人も、ぜひ一度、自分自身に問いかけてみてください。

「あなたが身につけているものは、本当にお客さまや上司に好印象を与えているか」と。

ふさわしい服装というのは、業界によっても差があるので一概にはいえませんが、少なくとも、官公庁や銀行などを相手にする仕事や営業マンなどは、とくに礼儀正しく、清潔感を与えるような格好がふさわしいでしょう。

年配の方がお客さまである商売なども、個性的な格好よりもオーソドックスな格好のほうがふさわしいと思います。

独立起業した人や役職に就いている人などは、安っぽい格好をしているとなめられてしまう可能性もあります。ぜいたくをする必要はありませんが、少し背伸びするくらいの高級品を身につけていたほうが信頼感は増すはずです。

このように普段から外見に気を使って、職業や役職にふさわしい格好をしていると、これが習慣となり、内面も自然とよい方向に変わっていくはずです。

身につけるものも「相手軸」で考える

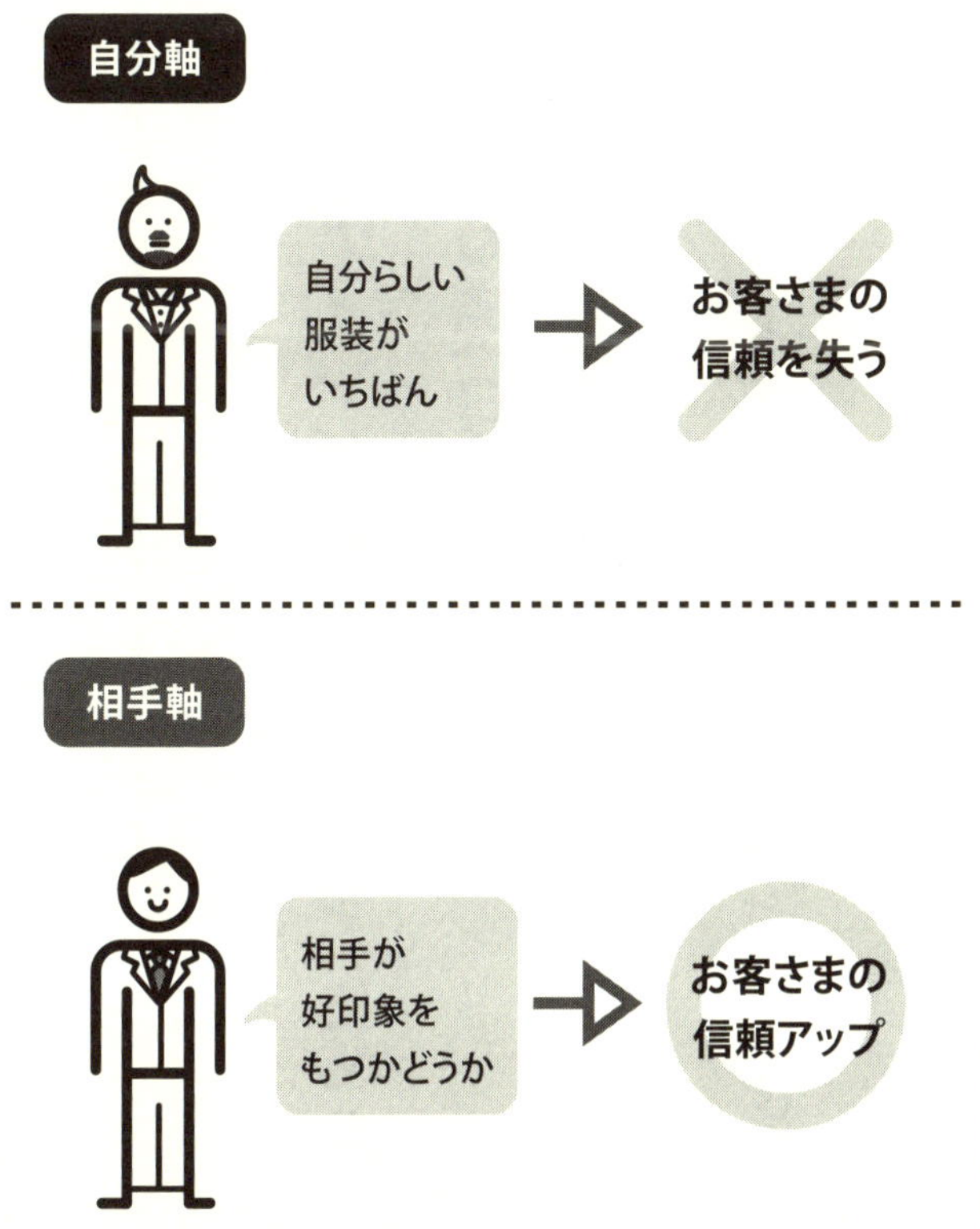
自分軸
自分らしい服装がいちばん
お客さまの信頼を失う
相手軸
相手が好印象をもつかどうか
お客さまの信頼アップ

50のまとめ　**相手に好印象を持たれる外見を心がける**

第5章

ブランディング力

ブランディング力をつけるための、
左の10の項目のうち、
足りないものにチェックし、
その部分を読み直してみましょう！

Check!
✓

41	これからの時代「ブランディング」は絶対に必要	□
42	小さなチャンスに果敢に挑む	□
43	ブランディングも業務の一環	□
44	ブランディングで短所も長所にできる	□
45	「その道の専門家」になる	□
46	情報発信は相手のことを考える	□
47	文章は読み手に合わせる	□
48	ブランディングにも「先読み」が重要	□
49	中身だけでなく「外見」もブランディングする	□
50	相手に好印象を持たれる外見を心がける	□

〈参考〉仕事術がアップする書籍

『7つの習慣』（スティーブン・R・コヴィー著、ジェームス・スキナー、川西茂訳、キングベアー出版）

この本は、最近流行の小手先だけの仕事術、成功術から、「原則」中心の思考に転換すべきと説く。仕事、私生活、人間関係すべてに共通して有効な「原則」が説明されており、この7つの習慣を習得すれば仕事力は必ずアップするはずである。

『思考は現実化する』（ナポレオン・ヒル著、田中孝顕訳、きこ書房）

この本も、小手先のテクニックは推奨していない。人生で成功するための法則を17のステップに分けて解説している。著者は、人生を成功哲学の完成のために費やした人である。多くの成功者の事例を分析した膨大な作業から抽出された成功哲学は、あなたの仕事力を確実にアップさせるはずである。

『仕事の流儀』（ナポレオン・ヒル著、田中孝顕訳、きこ書房）
「思考は現実化する」の著者であるナポレオン・ヒル氏が、自分の商品価値を高め、市場に高く売り込むための方法を解説した書籍である。本書でも説明した「もらう報酬以上の仕事をする」ことの重要性を強調している。それができれば、必ず今以上の仕事の依頼が来て、その循環を繰り返すことにより、成功を手中におさめることができるはずである。

『人を動かす』（デール・カーネギー著、山口博訳、創元社）
他人とのコミュニケーション能力を向上させるのに、これほど適した教科書を私は知らない。「人は、他人から押しつけられたことには、納得したくないが、自分で思いついたことには、すぐに納得したがる」という人間の本質から、人を動かすにはどうしたらよいかを解説している。仕事で成功するにはコミュニケーション能力を向上させ、人を動かしていかなければならない。そのために、本書を繰り返し読むことをおすすめする。

『原因と結果の法則』（ジェームズ・アレン著、坂本貢訳、サンマーク出版）
「結果には必ず原因がある」「私たちが手にするものは、私たちが望んだものではなく、公正な報酬として受け取るものである」と説く。本書でも述べたように、行動しなければ果実を得ることはできない。世の中の絶対法則を教えてくれる好著。甘い夢を捨て、厳しい現実を受け入れることで、仕事力が向上するはずである。

『バビロンの大富豪』（ジョージ・S・クレイソン著、大島豊訳、グスコー出版）

仕事で稼いだ金をどうすれば蓄えとして残し、更に財として築いていけるのかを解説した書籍である。投資などのテクニック論ではない。「お金を稼いだら、その一部を必ず取り分けておけ、それが自ら増殖するように仕組みをつくっておく」という原則を、いくつもの物語を通し、繰り返し教えてくれる。目先の利益にまどわされず、ここでも「原則」に従うことが重要となる。

〔著者紹介〕

谷原　誠（たにはら　まこと）

みらい総合法律事務所共同代表。弁護士。

1968年愛知県生まれ、明治大学法学部卒業。91年司法試験に合格。企業法務、事業再生、交通事故、不動産問題などの案件・事件を中心に、鍛え上げられた質問力・交渉力・議論力などを武器に解決に導いている。

現在、18人の弁護士、11人の事務員を抱える事務所を共同経営しながら、個人会社も経営。弁護士としては、幅広いジャンルの案件を年間250件（2010年実績）担当する。また、これまでに25冊以上を執筆したベストセラー作家、さらには「報道ステーション」「スーパーＪチャンネル」などのテレビ番組での法律の解説などの顔ももつなど、多方面で精力的に活躍している。

著書に、ベストセラーとなった『するどい「質問力」』（三笠書房）をはじめ、『人を動かす質問力』（角川書店）、『知識ゼロからのビジネス交渉術』（幻冬舎）、『ポケット版　弁護士の論理的な会話術』（あさ出版）、『思いどおりに他人を動かす交渉・説得の技術』（同文館出版）、『弁護士が教える気弱なあなたの交渉術』（日本実業出版社）など、多数。

また、読者数18,000人以上を抱える人気メルマガ「弁護士がこっそり教える絶対に負けない議論の奥義」も発行している。

本書の内容に関するお問い合わせ先
中経出版編集部 03(3262)2124

同業の弁護士から「どうしてそんなに仕事ができるの」と言われる私の5つの仕事術

(検印省略)

2012年2月2日 第1刷発行

著 者 谷原 誠(たにはら まこと)
発行者 安部 毅一

発行所 ㈱中経出版
〒102-0083
東京都千代田区麹町3の2 相互麹町第一ビル
電話 03(3262)0371(営業代表)
03(3262)2124(編集代表)
FAX 03(3262)6855 振替 00110-7-86836
ホームページ http://www.chukei.co.jp/

乱丁本・落丁本はお取替え致します。
DTP/キャップス 印刷/恵友社 製本/本村製本

ISBN978-4-8061-4029-0 C2034